H. A. Baker
Visionen jenseits des Horizonts

H. A. Baker

Visionen jenseits des Horizonts

Verlag Gottfried Bernard
Solingen

2. Auflage Januar 2008

© Copyright: 2000 H. A. Baker
Die englische Originalausgabe erschien neu 2004 unter dem Titel:
Visions beyond the Veil bei Sovereign World Ltd.,
PO Box 777, Tonbridge, Kent, TN11 OZS, England

© Copyright der deutschen Ausgabe 2006
Verlag Gottfried Bernard
Heidstr. 2a
D-42719 Solingen
Email: Verlag.GottfriedBernard@t-online.de

ISBN 3-938677-09-0
Best.-Nr. 175609

Übersetzung: Michaela Wedel, Schramberg
Grafik: Tina Gerteiser, Waldshut
Satz: Satz & Medien Wieser, Stolberg
Druck: Schönbach Druck, Erzhausen

Inhalt

Vorwort
der deutschen Ausgabe

Dieses spezielle Buch öffnet eine Tür in die für uns sonst unsichtbare, verborgene Welt. Gott hat sich da einmal mehr aus dem Munde von Kindern und Unmündigen ein Lob zubereitet. Ehemalige Straßenkinder in China durften in einer Klarheit die Tatsachen von Himmel und Hölle, Herrlichkeit und Gericht sehen, wie es mir bisher noch nicht begegnet ist. Logischerweise haben sie dabei nichts „Neues" gesehen! Diese Visionen jenseits des Horizonts sind teils sehr detaillierte Beschreibungen dessen, was wir in der Bibel über die jenseitige Welt lesen können. Für mich ist es eine gewaltige Glaubensstärkung, wenn Analphabeten, die noch nie etwas über diese Dinge gehört haben, reihenweise Wahrheiten bestätigen, die man sich mit einem „aufgeklärten Verstand" bisher nur schwer vorstellen konnte.

Die Kinder sahen in diesen Visionen ihnen bekannte, verstorbene Menschen, die in der Hölle gefangen um Hilfe baten. Biblisch deckt sich das mit dem, was Jesus über Lazarus und den reichen Kornbauer lehrte. Sie sahen auch die goldenen Straßen im neuen Jerusalem und vieles mehr, was der Seher Johannes vor 2000 Jahren durch eine „offene Tür" auch gesehen hat. Ich empfehle euch sehr, das Buch der Offenbarung des Johannes und die Evangelien parallel zu diesem Buch zu lesen und miteinander zu vergleichen.

Alles in allem ist dieses Buch „Visionen jenseits des Horizonts" augenöffnend, mutmachend, klärend und aufrüttelnd.

Während dem Lesen bekam ich neue Freude an meiner künftigen Heimat, aber auch eine Dringlichkeit, Menschen zu einer positiven Entscheidung für Christus zu bewegen.

Walter Bernhard

Vorwort
der englischen Originalausgabe

Ich kann mich nicht erinnern, dass es je eine Zeit gegeben hätte, in der mir Gottes Welt nicht bewusst gewesen wäre, Engel und Dämonen, Himmel und Hölle, das jüngste Gericht und das ewige Leben. Ich hätte mir nie ein Leben ohne Jesus vorstellen können. Ich musste nie vom Übernatürlichen überzeugt werden, oder davon, dass Leben mehr bedeutet als das, was wir hier auf Erden finden können. Ich kam einfach dadurch in Berührung mit der geistlichen Welt, dass ich in eine der Pfingstbewegung angehörenden Missionarsfamilie in Kunming, China, geboren wurde, wo sich die in diesem Buch geschilderten Ereignisse zutrugen.

Mein Vater und meine Mutter wurden ebenfalls in China geboren. Sie kehrten nach dem 2. Weltkrieg dorthin zurück und gründeten eine Bibelschule in Kunming, wo mein Vater seine Kindheit verbracht hatte. Er wiederum war dort aufgewachsen, weil eine Generation zuvor mein Großvater beschlossen hatte, dem Missionsbefehl zu gehorchen und an die Enden der Erde zu reisen, um die Gute Nachricht von Jesus bekannt zu machen.

H. A. Baker, so wurde mein Großvater immer genannt, hatte sich den entlegensten Winkel im Südwesten Chinas als Betätigungsfeld ausgesucht. Er war sehr engagiert und harrte jahrelang aus, obwohl er nur wenig Frucht sehen konnte, bis er kurz davor war aufzugeben. Aber der Heilige Geist kam mit Macht in sein Leben, er blieb in China, und dann konnte er mit eigenen Augen eine der wundervollsten Ausgießungen des Heiligen Geistes sehen, die jemals in der Kirchengeschichte verzeichnet werden konnten.

Für mich war das ganz natürlich. Wenn die Bibel wahr war, warum sollte Gott Sein Wort dann nicht durch solche Visionen, Offenbarungen und Geistesgaben bestätigen? Warum sollten wir die Realität Gottes nicht erleben, wenn wir Ihn der Schrift gemäß suchen? Warum sollte das Übernatürliche Gottes nicht immer normaler für uns werden, wenn wir Ihm immer näher kommen?

Wann immer ich mit meinem Großvater zusammen war, hörte ich mehr darüber. Meine frühesten Erinnerungen an ihn stammen aus Hongkong, kurz nachdem wir alle gezwungen worden waren, nach der Revolution von 1949 China zu verlassen. Ich saß dann auf seinem Schoß und er überschüttete mich mit seinen Erinnerungen – jedes Mal eine andere Geschichte – von Engeln und Dämonen, Wundern, Machttaten Gottes, Erfüllungen mit dem Heiligen Geist, wie Verlorene gewonnen werden konnten, wie man dem König dient. Welche Normalität des Alltags!

Später zogen wir wie viele andere Missionarsfamilien aus China nach Taiwan. Natürlich zog es meinen Großvater dort zu einer Minderheit, deren für ihn neuen und schwierigen chinesischen Dialekt er lernte und bei ihnen sein bewährtes Muster anwandte, mit dem er die verlorenen Schafe erreichte, wo immer sie zu finden waren. Er und meine Großmutter lebten sehr einfach, wie die Chinesen auch. Er rief nie zu finanzieller Unterstützung auf. Er gab weiter, was er nicht brauchte. Er erwarb sich die Liebe und den Respekt der Missionare in ganz Taiwan, sogar von denen, deren Methoden sich stark von seinen eigenen unterschieden. Und ich könnte nie sein Zeugnis vergessen, nicht einmal für einen Moment.

Der Dienst meines Großvaters zeichnete sich durch eine Mischung aus Wort und Geist aus, die meinen Glauben in all diesen Jahren getragen hat. Er ließ nie zu, dass Wunder und Manifestationen ihn von den Lehren der Bibel ablenkten, noch zögerte er aufgrund seiner Treue zum Wort, von der Wirklichkeit all dessen zu trinken, was in jenem Wort geschrieben steht. Er war vorsichtig. Er durchforschte die Schrift, um eine Bestätigung für das zu bekommen, was er hörte und sah, und er fand den lebendigen Gott in der Schrift. Er war nachvollziehbar für mich, er prägte mein Leben.

Er war auch einschüchternd für mich. Lange hätte ich mir überhaupt nicht vorstellen können, dass ich einen Dienst wie den seinen auch nur annähernd weiterführen könnte. Es war wundervoll, aber solch ein Werk war etwas für ungewöhnliche Heilige, nicht für gewöhnliche Menschen wie mich. Aber über die Jahre hielten die Erinnerungen an *Visionen jenseits des Horizonts* den Hunger nach Erweckung in meinem Herzen aufrecht, bis ich es nicht mehr aushielt, „gewöhnlich" zu sein. In Erweckung zu leben, am Thron Jesu, gepackt von Ihm und allem, was mit Ihm zu tun hat, ist die einzig attraktive Art zu leben für mich geworden.

Jetzt sind meine Frau Heidi und ich in Afrika und arbeiten unter den ärmsten Menschen, die wir finden können, nehmen die verwaisten und verlassenen Kinder auf und suchen überall, wo wir können, nach den verlorenen Schafen. Und wieder offenbart sich Jesus diesen „Geringsten", genau wie Er es in Kunming, China vor so vielen Jahren im Waisenhaus meines Großvaters tat. Jene Ausgießung war nicht vergebens; sie geschah nicht nur zum Nutzen einiger isoliert lebender Menschen in einem weit entfernten Land. Seine Geschichte hat die Herzen unter den geistlich Hungrigen auf der ganzen Welt in Brand gesetzt, zwei und jetzt drei Generationen lang, und dies setzt sich heute fort in jenen, die in Seinen Augen wie die Kinder werden.

Mein Großvater sah unter seinen bettelnden Waisen, wie der Heilige Geist überschwänglich die Freuden des Himmels sogar in die erbarmungswürdigsten Herzen ausgoss. Er sah das Herz Jesu, der jede Träne in den Augen jener trocknet, die Er aus der Hand Satans rettet. Und wenn Er ungebildete, heruntergekommene und vergessene Waisen im abgelegenen China in Denkmäler Seiner Gnade und Säulen Seiner Gemeinde verwandeln kann, dann kann Er auch uns auf jede Art und Weise erlösen. Er ist gut, und wir werden Ihn für immer und ewig lieben!

Rolland E. Baker
Afrika, April 2000

Einführung

Dieses Buch erzählt die Geschichte einer äußerst ungewöhnlichen Bewegung des Heiligen Geistes, die sich in einem Waisenhaus in der chinesischen Provinz Yunan ereignete. Die *Adullam Rescue Mission* in Yunanfu war ein Heim für Kinder, die meisten von ihnen Jungen im Alter von sechs bis achtzehn Jahren, die Bettler auf den Straßen der Stadt gewesen waren, oder Waisen, die man in dieses Heim brachte, wenn ein oder beide Elternteile verstorben waren. Manche waren aus irgendeinem Grund von Zuhause weggelaufen und stammten aus weiter entfernten Landesteilen oder angrenzenden Provinzen. Diese Kinder wurden im Heiligen Geist getauft und empfingen außergewöhnliche Offenbarungen und Visionen von Gott.

Wenn die Kinder im Heim ankommen, sind sie ungezogen und undiszipliniert. Bevor sie zu uns kamen, hatten sie oft zu Banden gehört und durch Betteln und Stehlen überlebt und hatten gelernt, nach dem Gesetz der Straße zu leben.

Im Adullam-Heim lernen die Kinder die Bibel kennen und hören das Evangelium. Diejenigen, die in unser Heim kamen, waren immer offen für diese Lehren und einige waren zweifellos bereits bekehrt, als der Heilige Geist mit Macht zu wirken begann, während andere bereits sehr gute Kenntnisse von den Hauptthemen der Bibel hatten.

All jene, die den Heiligen Geist empfingen, wussten genug über den Glauben, um an den einen Gott zu glauben und zu verstehen, dass sie nur durch das Blut Christi errettet werden konnten. Sie beteten darum, mit dem Heiligen Geist erfüllt zu werden und verbrachten Zeit damit, den Herrn zu suchen. Wir sahen bei keinem, dass sie speziell irgendeine dieser Visionen oder Manifestationen anstrebten, die sie Tag für Tag empfingen, während sie auf Ihn warteten. Über all die Wochen dieser Bewegung des Geistes hinweg beteten sie und priesen den Herrn und wollten Seinem Namen allein Ehre geben.

Der Herr behandelte alle Kinder unparteiisch. Die ältesten und die jüngsten, die ersten Heimkinder und die Neuankömmlinge, die besten und die schlechtesten – ihr himmlischer Vater segnete sie alle gleichermaßen mit Seinen wundervollen himmlischen Gaben.

Diese Gabe des verheißenen Geistes war klar eine Liebesgabe der Gnade, die nichts zu tun hatte mit den „Werken" oder persönlichen Verdiensten. Es war nichts, das sich erarbeiten ließ. Es war etwas, das herab kam. Es war nicht das Ergebnis einer Charakterschulung, die auf menschlicher Ebene erreicht wurde. Es war ein Segen Gottes, der umsonst von oben geschenkt wurde.

Keine natürliche Erklärung

Es gibt keine natürliche Erklärung für die Erfahrungen jener Adullam-Kinder, denn:

1. Jene Wunder **konnten unmöglich das Produkt eines kindlichen Verstandes sein.** Solch ungebildete, mental untrainierte, phantasielose Jungen wie diese konnten sich solche Dinge nicht selbst ausgedacht haben.
2. Diese geistlichen Erfahrungen, Visionen und Offenbarungen **konnten nicht das Werk des Unterbewusstseins sein.** Viele dieser Kinder waren zu jung, zu unwissend oder zu frisch aus ihrem gottlosen Hintergrund errettet, als dass sie die biblischen Lehren zu diesen Themen hätten kennen können.
3. Sie **können nicht psychologisch erklärt werden als mentale Suggestion durch andere.** Wir selbst hatten nie solche Visionen gesehen und hatten nie Versammlungen besucht, in denen sie aufgetreten wären, wir hatten nicht einmal von solchen Visionen gelesen oder gehört, wie sie diesen Kindern gegeben wurden. Diese Erfahrungen waren für uns alle neu.

4. Sie **haben nicht voneinander abgeschaut.** Als die Kraft des Herrn unter uns fiel, wurden viele Kinder gleichzeitig mit dem Geist erfüllt. Kinder in verschiedenen Räumen hatten manchmal simultan dieselbe Vision. Es gab keine Möglichkeit, sich untereinander abzusprechen.

5. Es gibt keine natürliche Erklärung für die Tatsache, dass der Inhalt der Visionen **völlig übereinstimmte** und sie zahlreiche Details gemeinsam hatten. Sogar die einfachsten Kinder, die man im Kreuzverhör leicht hätte durcheinander bringen können, gaben klare und übereinstimmende Antworten, wenn sie einzeln oder in Gruppen zu einer Vielzahl von Details befragt wurden, wie es nur einem Augenzeugen möglich sein konnte.

6. Auch können diese Erfahrungen nicht irgendeiner mentalen Erregung, religiöser Ekstase, natürlichen Gefühlen, einer nervösen Reizung oder irgendeiner Art von selbst herbeigeführtem Zustand zugeschrieben werden. Der Heilige Geist kam in Kraft auf normale Kinder in einem normalen Gemütszustand frei von allen zuvor genannten Zuständen.

Die wahre Gemeinde ist übernatürlich

Übernatürliche Visionen und Offenbarungen sind Grundsteine, auf denen die Gemeinde gebaut wurde und auf denen sie steht. Die ganze Bibel, das Alte und Neue Testament, ist eine **übernatürliche** Offenbarung Gottes.

Im Alten Testament sprach Gott zu Seinem Volk auf vielfältige Weise. Er offenbarte Seinen Willen, indem er die Propheten direkt inspirierte, vorbei an ihrem Verstand. Er erschien Männern und Frauen und sprach zu ihnen mit einer „Stimme" und mit „Worten", wie zum Beispiel bei Mose, mit dem Er sprach wie ein Mensch mit einem anderen, von Angesicht zu Angesicht (2. Mose 33,11). Gott offenbarte sich auch in Träumen, in Visionen und verschiedenen Arten übernatürlicher Offenbarungen. Engel brachten Männern und Frauen

Botschaften und waren ständig aktiv als Gottes Botschafter, die Seinen Plan der Erlösung auf Erden ausführten. Auch das Neue Testament behauptet, eine **übermenschliche** Offenbarung zu sein. Paulus sagte von dem Evangelium, das er predigte:

Ich habe es nämlich weder von einem Menschen empfangen noch erlernt, sondern durch Offenbarung Jesu Christi.

(Galater 1,12)

Seine Briefe waren Teil dieser übernatürlichen *„Offenbarung Jesu Christi"*.

Ohne die Hilfe des Heiligen Geistes und ohne diese Art von Visionen und Offenbarungen, die in Adullam geschenkt wurden, gäbe es überhaupt kein Christentum. Die wahre Gemeinde besteht heute noch, weil gerade übernatürliche Manifestationen wie diese ein natürlicher Bestandteil ihres Lebens von Anfang an war und in der Tat den Grund für ihr starkes Wachstum darstellen. Als Herodes Jesus als Säugling zerstören wollte, wurden die Weisen „in einem Traum gewarnt" (Matthäus 2,12). Ein Engel erschien Josef in einem Traum (Matthäus 2,13); ein Mann aus Mazedonien erschien Paulus in einer Vision (Apostelgeschichte 16,8-10). Als Paulus im Tempel in Jerusalem betete, geriet er in „Verzückung" und sah Jesus, der mit ihm sprach und ihm Anleitung für sein Werk gab (Apostelgeschichte 22,17). Petrus geriet ebenfalls in eine Trance, als er auf dem Hausdach betete. Er sah eine Vision und hörte den Herrn mit scheinbar hörbarer Stimme reden (Apostelgeschichte 10,13-15). Cornelius hatte am hell-lichten Tag eine Vision von einem Engel (Apostelgeschichte 10,1-3). Das ganze Buch der Offenbarung, die eine Aufzeichnung von Visionen ist, die im Geist durch den Dienst von Engeln geschenkt wurden, wurde Johannes als übernatürliche Offenbarung gegeben, als er „im Geist war". Entweder schwebte Paulus einmal zwischen Leben und Tod und erlebte eine „Out-of-body"-Erfahrung, bei der er in den Himmel kam. Oder er wurde in einer Vision in den Himmel aufgenommen, so wie unsere Adullam-Kinder das Paradies sahen. Er hatte so viele übernatürliche Offenbarungen, dass der Herr ihm einen Dorn ins Fleisch senden musste, um ihn demütig zu halten (2. Korinther 12,1-3).

Engel hatten ebenfalls einen großen Anteil am Werk der Urgemeinde. Die frühen Jünger wurden in ihrem Werk von Engeln geleitet und wurden dadurch oft vor drohenden Gefahren geschützt. Ein Engel wies Philippus an, auf der Straße von Jerusalem nach Gaza zu gehen, wo er dem äthiopischen Eunuchen begegnete (Apostelgeschichte 8,26-40). Ein Engel erschien Paulus, um ihn zu ermutigen und vor der Zukunft zu warnen (Apostelgeschichte 27,23+24). Es war ein direktes Ergebnis einer Engelsvision, dass Cornelius und sein ganzes Haus errettet und dann getauft wurden (Apostelgeschichte 10,3). Als Petrus im Gefängnis war, rettete ihn ein Engel, löste seine Ketten und befahl ihm, sich anzukleiden, worauf er die Gefängnistüren und das verschlossene Stadttor öffnete, bevor er ihn auf die Straße führte (Apostelgeschichte 12,7-8).

Aber noch machtvoller als all diese übernatürlichen Eingriffe war das Werk des Heiligen Geistes. Er kam, wie der Herr es verheißen hatte, als Jesus zu Seinem Vater zurückkehrte.

Die Urgemeinde las keine Gebete ab. Sie sprachen auch keine Gebete. Die Urgemeinde betete von Herzen zu Gott, und Gott antwortete direkt und übernatürlich. Als die Jünger in Gefahr waren, kamen sie zusammen und beteten zu Gott. Dies war kein formelles Gebet; es war keine leidenschaftslose, gewählt formulierte Gebetsgemeinschaft, mit der menschliche Ohren beeindruckt werden sollten. Jeder betete gleichzeitig; jeder rief mit lauter Stimme zu Gott. Es war ein besondere Gebetsversammlung mit dem Ziel, Antwort auf eine große Not zu bekommen.

Als Gott antwortete, wusste es jeder. Der Heilige Geist erschütterte das Haus, in dem diese Menschen beteten, und jeder wurde „mit dem Heiligen Geist erfüllt", mit einer mächtigen übermenschlichen Kraft. Dann gingen sie hinaus mit dem Feuer Gottes in ihren Herzen im Angesicht des Todes.

Die Urgemeinde hatte einen lebendigen Gott. Durch den Heiligen Geist lebte Christus unter ihnen. Er wirkte übernatürlich in ihnen und durch sie durch die Gaben des Heiligen Geistes.

> **Jedem aber wird die Offenbarung des Geistes zum Nutzen gegeben. Denn dem einen wird durch den Geist das Wort der Weisheit gegeben, einem anderen aber das Wort der Erkenntnis nach demselben Geist; einem anderen aber Glauben in demselben Geist, einem anderen aber Gnadengaben der Heilungen in dem einen Geist, einem anderen aber Wunderwirkungen, einem anderen aber Weissagung, einem anderen aber Unterscheidungen der Geister; einem anderen verschiedene Arten von Sprachen, einem anderen aber Auslegung der Sprachen.**
>
> **(1. Korinther 12,7-10)**

Dies ist die Verheißung des lebendigen Gottes. Christus versprach, wenn Er weggehen würde, dann wäre dies besser für Sein Volk, denn dann würden sie Seine Gegenwart näher erleben als je zuvor. Er verhieß:

> **Doch ich sage euch die Wahrheit: Es ist euch nützlich, dass ich weggehe, denn wenn ich nicht weggehe, wird der Beistand nicht zu euch kommen; wenn ich aber hingehe, werde ich ihn zu euch senden.**
>
> **(Johannes 16,7)**

> **Im Hause meines Vaters sind viele Wohnungen. Wenn es nicht so wäre, würde ich euch gesagt haben: Ich gehe hin, euch eine Stätte zu bereiten?**
>
> **(Johannes 14,2)**

Wenn es wirklich einen lebendigen Gott gibt, wenn es Engel gibt, wenn es einen wunderwirkenden Christus gibt, wenn der Heilige Geist jemals ausgegossen worden ist, wenn die Bibel tatsächlich eine übernatürliche Offenbarung Gottes ist, dann sollten wir erwaren, dass wir ebenfalls die Trance-zustände, Visionen, Offenbarungen und Wirkungen des Heiligen Geistes erfahren, die in Adullam geschenkt wurden. Sie sind normale Erfahrungen in einer übernatürlich gegründeten, übernatürlich erfüllten und übernatürlich geleiteten Gemeinde im Neuen Testament – die einzige Gemeinde, an der die Bibel interessiert ist.

Kapitel 1

Der Heilige Geist kommt mit Macht

Das Morgengebet dauerte länger als üblich. Die älteren Kinder verließen nach und nach den Raum, um im Klassenzimmer mit dem Lernen zu beginnen, während einige der kleineren Buben auf ihren Knien blieben, tief im Gebet versunken. Der Herr war nahe; wir alle spürten die Gegenwart des Heiligen Geistes unter uns. Einige, die nach draußen gegangen waren, kamen wieder zurück ins Zimmer.

Tränen begannen über die Gesichter all derer zu laufen, die dabei waren, als eine tiefe Überführung von Sünde über sie kam – etwas, wofür wir schon lange gebetet hatten – und mit erhobenen Armen riefen sie zum Herrn um Vergebung. Einer nach dem anderen fiel unter der mächtigen Kraft des Heiligen Geistes zu Boden, bis mehr als zwanzig flach auf dem Fußboden lagen. Als ich sah, dass der Herr etwas wirklich Ungewöhnliches unter uns wirkte, schlüpfte ich hinüber ins Klassenzimmer und sagte den Buben, dass sie, wenn sie das Drängen verspürten, wieder hinüberzukommen und zu beten, ausnahmsweise ihre Schularbeit liegen lassen dürften. Nach kurzer Zeit saß der chinesische Lehrer allein an seinem Pult. Alle seine Schüler waren in den Gebetsraum zurückgekehrt und beteten jetzt enthusiastisch und priesen den Herrn. Als der Lehrer sah, dass es für ihn nichts zu tun gab, beschloss er nach Hause zu gehen. Ich hatte ihn nicht eingeladen, mit zu den Kindern hineinzukommen, denn obwohl er schon lange bei uns war, schien er doch überhaupt kein Interesse an geistlichen Dingen zu haben. Er ging ein Stück seines Weges, drehte dann aber wieder um. Als er den Gebetsraum betrat, nahm niemand Notiz von ihm; jeder war zu beschäftigt, sein eigenes Herz vor dem Herrn zu bewegen. Er ging in eine weit entfernte Ecke des Raumes und kniete sich zum ersten Mal in seinem Leben nieder und versuchte zu beten.

Da solch ein starkes Gefühl der Gegenwart des Herrn im Raum war, hielt ich es für besser, den jungen Mann sich selbst zu überlassen und mich nicht einzumischen, weil ich wusste, dass es ein Werk des Geistes und des Herrn allein sein musste. Nur kurze Zeit später bemerkte ich, wie der Lehrer mit erhobenen Armen und Tränen im Gesicht den Herrn anflehte, seine Sünden zu vergeben, von denen ich ihn sagen hörte, dass es viele seien. Er war ein stolzer Mann, und die Tatsache, dass er bereit war, sich in Gegenwart seiner Schüler zu demütigen, war der Beweis, dass der Heilige Geist wirklich am Werk war.

Die Gemeinschaft blieb Stunde um Stunde zusammen und die Kinder zeigten keine Anzeichen, dass sie gehen wollten. Ich musste nichts tun oder sagen; der Herr schien völlig die Kontrolle zu haben; ich versuchte nur, Ihm nicht im Weg zu stehen.

Als die Kinder in ihren Visionen den Schrecken der Hölle sahen, die Verzweiflung derer, die verloren waren und die unbeschreibliche Bosheit des Teufels und seiner Engel, stießen sie in ihrer Agonie Schreie aus, wie ich sie noch nie zuvor gehört hatte. Es war alles so unglaublich real für sie. In ihren Visionen sahen viele sich selbst, wie sie in Ketten an den Rand der Hölle gezerrt wurden, die dabei zu einer schrecklichen und furchterregenden Realität wurde. Als sie erkannten, dass sie Sünder in den Fängen des Teufels waren, die Strafe verdient hatten, bekamen sie schreckliche Angst. Aber die Gnade des Herrn Jesus, Freiheit zu schenken, war genauso real. Die Freude, das Lachen und der Frieden, den sie empfingen, und die Erkenntnis, wovor sie bewahrt worden waren, war eine Erfahrung, von der ich sicher bin, dass sie nie in Vergessenheit geraten wird.

Da sie alle seit dem frühen Morgen in der Gegenwart des Herrn gewesen waren, dachte ich, dass in dem Moment, wenn das Abendessen zubereitet war, der Gottesdienst für diesen Tag mit Sicherheit zu Ende wäre. Das war nicht der Fall. Einige verließen den Gebetsraum für kurze Zeit, aber sie kamen alle bald zurück und sagten, sie wollten die ganze Nacht auf den Herrn warten. Wir hatten so etwas noch nie zuvor erlebt – bis dahin hatte ein einstündiger Gottesdienst für manche von ihnen schon zu lang gedauert. Wir hatten uns immer gewünscht, dass sie mehr beten: jetzt, da sie es tatsächlich wollten, warum sollten wir es ablehnen? Alle Kinder gingen an jenem Abend erst sehr spät ins Bett, und erst um 6 Uhr am nächsten Morgen verstummten auch die letzten Stimmen. Der Gebets- und Lobpreisgottesdienst, der ohne größere Pausen über 20 Stunden gedauert hatte, ging schließlich zu Ende.

Josephine Baker

Die Ausgießung setzt sich fort

Nach den ersten beiden Tagen spürte man Gottes Gegenwart nicht mehr so stark wie zuvor und Routine kehrte wieder ein, aber wir wollten am Abend noch etwas Zeit damit verbringen, auf den Herrn zu warten. Die Buben beschäftigten sich mit ihren Schulaufgaben und ich ging aus dem Haus, um einigen Leuten Besuche abzustatten und ihnen vom Evangelium zu erzählen.

Unsere morgendliche Gebetsgemeinschaft begann jeden Tag gegen halb sieben. An jenem Morgen beteten wir wie sonst auch alle gleichzeitig und jeder verließ den Raum, wann er wollte. Als ich um zwölf Uhr wieder kam, hörte ich, wie jemand im Gebetsraum betete. Als ich hineinging, um nachzusehen, wer es war, fand ich dort unseren ruhigsten und schüchternsten Jungen, Wang Gi Suen, einen Buben im Alter von ungefähr acht Jahren, der sich hinter der Orgel versteckt hatte und mit lauter Stimme betete und weinte, während er seine Sünden dem Herrn bekannte. Er hatte pausenlos seit dem Morgengottesdienst gebetet, ohne sich für das Frühstück Zeit zu nehmen.

Als ich den Gebetsraum verließ, war für die Jungen bereits Unterrichtsende. Normalerweise würden sie dann für den Rest des Tages in den Garten gehen oder eine andere Tätigkeit suchen, aber ein paar von ihnen wollten wissen, ob sie bleiben könnten, um zu beten. Nachdem ich ihnen gesagt hatte, dass jeder der es wollte, zum Gebet bleiben konnte, gingen ein paar von ihnen an ihre Arbeit, während all die anderen in den Gebetsraum strömten und anfingen zu beten. Beinahe sofort gab es eine erneute Ausgießung des Heiligen Geistes. Von jenem Moment hielt die Ausgießung an und über eine Woche lang unternahm keiner den Versuch, irgendeiner geregelten Arbeit nachzugehen. Wir taten nur das Nötigste. Jeder verbrachte den Rest der Zeit damit, die herrlichen Segnungen Gottes in sich aufzusaugen.

In den ersten paar Tagen legte niemand großen Wert auf Essen oder Schlafen. Wann immer die jungen Leute anfingen zu beten, kam die Kraft Gottes und ließ viele zu Boden fallen. Es war unmöglich, das Essen zu regulären Zeiten einzunehmen, ohne dem Werk des Heiligen Geistes in die Quere zu kommen. Wenn die Kraft Gottes sich von ihnen hob, gingen ein paar zusammen hinaus, um sich eine Zeit lang auszuruhen oder etwas zu essen, und dann kamen sie wieder zurück in den Gebetsraum, um bald wieder unter der Kraft des Heiligen Geistes zu stehen.

Diese Manifestationen des Geistes hielten so beständig an, dass fast den ganzen Tag lang bis spät in die Nacht manche unter Seiner Kraft standen.

Wenn es abends gegen neun oder zehn Uhr ruhiger wurde, schlugen wir vor, dass alle zu Bett gehen und sich bis zum nächsten Morgen ausruhen. Üblicherweise wollten manche noch länger beten und auf den Herrn warten. Während diese weiter beteten, standen schließlich fast alle, die sich schlafen gelegt hatten, wieder auf und kehrten in den Gebetsraum zurück. In diesen Nächten gab es nicht viel Schlaf. Manche der Buben blieben die ganze Nacht über im Gebetsraum. Sie wollten nicht schlafen. Wenn sie müde wurden, ruhten sie sich auf dem Boden ein wenig aus und standen dann wieder auf, um den Herrn zu suchen. Bald hatten sie sich wieder ganz in Gottes Sache verloren.

Eines ist sicher. Von uns Missionaren war während dieser Bewegung des Heiligen Geistes nur gefordert, nicht im Weg zu sein und sich nicht einzumischen in Sein wunderbares Werk. Unser Teil war, unsere eigenen Herzen zu öffnen, damit auch wir eine tiefere Erfahrung der himmlischen Segnungen erleben konnten, die auf uns ausgeschüttet wurden.

Unsere An- oder Abwesenheit bei den Zusammenkünften machte wenig Unterschied. An einem der ersten Morgen wurden wir auf unserem Weg nach unten aufgehalten. Ohne gerufen werden zu müssen, war ein Kind nach dem anderen in die Gebetsräume gegangen und hatte begonnen zu beten und den Herrn zu preisen. Als wir schließlich nach vielen Unterbrechungen bei den Gebetsräumen ankamen, fanden wir mehrere der jüngeren Kinder flach auf dem Boden unter der Kraft des Heiligen Geistes liegend und in anderen Sprachen singend vor.

Von Anfang an überstieg diese Erfahrung mit dem Heiligen Geist – all die Manifestationen, Visionen und Offenbarungen – alles, was wir bis dahin gekannt oder von dem wir je gehört hatten, sodass meine Frau und ich zueinander sagten, dass das einzige, worauf wir zurückgreifen konnten, war, dass wir glaubten, dass Gott größer war als der Teufel. Wir vertrauten auf Gottes Verheißung:

Oder welcher Mensch ist unter euch, der, wenn sein Sohn ihn um ein Brot bittet, ihm einen Stein geben wird? Und wenn er um einen Fisch bittet, wird er ihm eine Schlange geben? Wenn nun ihr, die ihr böse seid, euren Kindern gute Gaben zu geben wisst, wie viel mehr wird euer Vater, der in den Himmeln ist, Gutes geben denen, die ihn bitten!

(Matthäus 7,9-11)

In all den Wochen, die folgten, bewies Gott uns, dass diese Verheißung wahr ist. Wir wurden dadurch frei von Angst, als wir die wundervollen Taten Gottes sahen und hörten, die unter uns stattfanden. Jeder Tag war anders. Ein Wunder folgte dem anderen, während unser wunderwirkender Gott Seine Adullam-Schutzbefohlenen Schritt um Schritt und von Herrlichkeit zu Herrlichkeit durch Seine Schule des Heiligen Geistes führte.

Kapitel 2

Ein übernatürlicher Gott

Diejenigen Kinder, die diese erstaunlichen Erfahrungen mit dem Heiligen Geistes hatten, wussten nur sehr wenig über die biblische Lehre zu diesen Themen und dies bestätigte die übernatürliche Natur ihrer Visionen. Es belegte für uns auch, dass die Berichte des Neuen Testamentes über die Aktivitäten des Heiligen Geistes wirklich wahr waren.

Manche Kinder, die nie gehört hatten, dass wir uns auf diese Bewegung des Heiligen Geistes als „Spätregen" bezogen, erlebten Seine Gegenwart tatsächlich als Regen.

Regen vom Himmel

Als wir alle gemeinsam beteten und den Herrn mit geschlossenen Augen priesen, spürten einige der Kinder scheinbar Wassertropfen, die auf ihren Kopf fielen wie Regen. Sie waren so damit beschäftigt, den Herrn zu suchen, dass sie den Segensstrom nicht dadurch unterbrechen wollten, dass sie ihre Augen öffneten und sich umschauten. Gleichzeitig wunderten sie sich, wie es auf sie regnen konnte, wo sich doch ein Dach über ihren Köpfen befand. Aber als die Regentropfen auf sie fielen, fühlten sie sich erfrischt. Die Wassertropfen nahmen zu, bis ein Schauer daraus wurde, und alles war so wundervoll, dass sie aufhörten sich zu wundern, wie so etwas geschehen konnte. Die Tropfen wurden zu einem Schauer, der Schauer wurde zu einem großen Wolkenbruch, und der Wolkenbruch wurde zu einer Flut, die den Raum erfüllte. Schließlich fühlten sie sich, als wären sie eingetaucht in einen wundervollen lebensspendenden Strom vom Himmel.

Zu verschiedenen anderen Zeiten hatten mehrere Kinder dasselbe Gefühl von auf sie fallendem Regen. Sechs Monate nach der Bewegung des Heiligen Geistes, und nach einer Zeit der „Trockenheit", öffneten sich die Schleusen des Himmels erneut und es gab eine weitere Phase der Segnung des Heiligen Geistes. Wieder erlebten zwei der kleineren Kinder, wie Regen auf ihre Köpfe fiel, der ihr ganzes Sein zu durchdringen und zu durchfluten schien.

Durch das Lesen der Bibel und direkte Offenbarung durch den Heiligen Geist, beginnt die Adullam-Gemeinschaft nun die Bedeutung dieses „Regens" zu verstehen. Wir verstehen, dass der Prophet Joel davon sprach:

> **Denn er gibt euch den Frühregen nach dem Maß der Gerechtigkeit, und er lässt euch Regen herabkommen: Frühregen und Spätregen wie früher.**
>
> **(Joel 2,23)**

Der „Frühregen" fiel auf die Urgemeinde am Pfingsttag und in den folgenden zwei- oder dreihundert Jahren. Dies ist der Herbstregen, der die Samen wässert, die schlummernd im Boden liegen. Aber dann kam der Winter der finsteren Zeitalter, als die Menschen von Gott abfielen und die Gemeinde tot zu sein schien. In jener Zeit gab es verschiedene Perioden der Aktivität des Heiligen Geistes durch bekannte Erweckungspersönlichkeiten wie Luther, Wesley, Fox, Finney, Moody und andere Diener Gottes, durch die Menschen wieder von den Prinzipien der Errettung durch Glauben und eines geheiligten Lebens erfuhren. Aber jetzt wird aus dem Tröpfeln des Heiligen Geistes ein Schauer. Der Herr treibt wieder Dämonen aus, heilt die Kranken, weckt Tote auf und erweist sich als der allmächtige Gott für all jene, die Ihm glauben, indem Er sie befähigt, in anderen Sprachen zu reden und durch die Kraft des Heiligen Geistes zu prophezeien.

Die Ernte ist nahe. Es gab eine zeitliche Begrenzung für den „Frühregen", aber der „Spätregen" wird in Schauern kommen, um die Gemeinde zu vervollkommnen. In jenen Tagen wird es Regenströme geben, den Spätregen des Heiligen Geistes. Die größte Erweckung, die die Welt je erlebt hat, mit den größten Wundertaten, liegt direkt vor uns. Die wundervollste wunderwirkende Gemeinde, die die Welt je gesehen hat, ist nahe. Gemäß Seiner Verheißung wird der Herr bald Seinen „Geist auf alles Fleisch ausgießen".

> **Und danach wird es geschehen, dass ich meinen Geist ausgießen werde über alles Fleisch. Und eure Söhne und eure Töchter werden weissagen, eure Greise werden Träume haben, eure jungen Männer werden Gesichte sehen. Und selbst über die Knechte und über die Mägde werde ich in jenen Tagen meinen Geist ausgießen.**
>
> **(Joel 3,1-2, vgl. Apostelgeschichte 2,17-21)**

Als Ergebnis dieser letzten und größten Ausgießung des Heiligen Geistes verheißt Gott:

> **Und ich werde euch die Jahre erstatten, die die Heuschrecke, der Abfresser und der Vertilger und der Nager gefressen haben, mein großes Heer, das ich gegen euch gesandt habe.**
>
> **(Joel 2,25)**

Die Frucht und die Gaben des Heiligen Geistes werden der Gemeinde erstattet werden. Viele werden sich durch diese Gemeinde mit ihrem übernatürlichen Leben und ihrem übernatürlichen Dienst bekehren.

Wenn man Apostelgeschichte 2 liest, sieht man, dass diese Ausgießung des Heiligen Geistes über alles Fleisch für die heutige Zeit gilt. Wir in Adullam sind völlig davon überzeugt. Oft ist der Herr unter uns getreten und hat uns dieselben Verheißungen gegeben wie den ersten Gläubigen und hat uns beauftragt, dasselbe Evangelium in derselben Kraft weiterzutragen, mit der Er die ersten Jünger ausgesandt hat. Wir wissen, dass dieser Spätregen wie der Frühregen ist, aber der Spätregen wird die Wiederkunft des Herrn einläuten.

Manifestationen des Heiligen Geistes

Der Heilige Geist hat sich bei verschiedenen Gelegenheiten und verschiedenen Menschen auf unterschiedliche Art und Weise offenbart.

- **Durch Feuerzungen**, die auf dem Kopf jeder im Raum anwesenden Person sichtbar wurden.
- **Als Wind**, der über sie hinweg blies und Frieden und Kraft mit sich brachte. Manchmal war dieser Windhauch so intensiv, dass wir keine Schwierigkeit haben, der Beschreibung des Heiligen Geistes zu glauben, der am Pfingsttag auf die Jünger kam:

> **Und plötzlich geschah aus dem Himmel ein Brausen, als führe ein gewaltiger Wind daher, und erfüllte das ganze Haus, wo sie saßen.**
>
> **(Apostelgeschichte 2,2)**

- **Als sieben Feuerfackeln.** In Zeiten besonderer Ausgießung wurden sieben Feuerfackeln gesehen, die vom Himmel mitten in den Raum herabgelassen wurden. Zu anderen Zeiten sahen Kinder in Visionen:

> **Und sieben Feuerfackeln brennen vor dem Thron, welche die sieben Geister Gottes sind.**
>
> **(Offenbarung 4,5)**

Die sieben Fackeln waren ein Bild für die Gegenwart des Heiligen Geistes unter uns.

In den ersten Tagen der Bewegung des Geistes sprach ein kleiner Junge in reiner Prophetie als läge er im Himmel zu den Füßen Jesu. Der Herr sprach durch ihn in der ersten Person und klärte viele Dinge, die die Kinder nicht verstanden und sagte ihnen, wie man auf den Herrn wartet und Seinen Geist sucht. Zu jener Zeit sagte der Herr: „Wenn der Geist unter euch ist, öffnet nicht eure Augen, denn dadurch wird es schwieriger für euch; der Heilige Geist wird euch Kraft geben, das Evangelium zu verkündigen, Dämonen auszutreiben und die Kranken zu heilen. Der Heilige Geist ist in sieben Farben, rot, blau und anderen Farben." Einer der älteren Jungen sagte dann, dass er, wenn der Geist auf ihm gewesen war, auch verschiedene Farben gesehen hatte. Natürlich weiß ich, dass das Licht aus sieben Farben besteht, aber ich hatte nie über die sieben Fackeln vor dem Thron Gottes, den Heiligen Geist, als siebenfarbig nachgedacht. Alles Licht kommt von Gott, und Gott ist Licht.

Diese Manifestation des Heiligen Geistes als ein großes Licht kam sehr häufig vor. Manche Kinder, die ihre Augen öffneten, um herauszufinden, ob das alles etwas mit dem elektrischen Licht im Raum zu tun hätte, konnten die künstlichen Leuchtquellen kaum erkennen, weil die überwältigende Herrlichkeit des Lichtes vom Himmel den ganzen Raum zu erfüllen schien. Diese Kinder wissen, was Paulus meinte, als er auf der Straße nach Damaskus das Licht sah, das auf ihn leuchtete „als ein Licht vom Himmel her" und „den Glanz der Sonne übertraf" (Apostelgeschichte 26,13). Nach ihren Visionen vom Himmel und seinem strahlenden Licht, das heller und klarer war als alles, was sie je auf Erden gesehen hatten, wissen die Menschen von Adullam, warum im neuen Jerusalem im Himmel

Nacht nicht mehr sein wird, und sie bedürfen nicht des Lichtes einer Lampe und des Lichtes der Sonne, denn der Herr, Gott, wird über ihnen leuchten, und sie werden herrschen von Ewigkeit zu Ewigkeit.
(Offenbarung 22,5)

Und die Stadt bedarf nicht der Sonne noch des Mondes, damit sie ihr scheinen; denn die Herrlichkeit Gottes hat sie erleuchtet, und ihre Lampe ist das Lamm.
(Offenbarung 21,23)

Kapitel 3

Schriftgemäß

In Adullam erlebten wir vieles von dem, was die Bibel als Folge verheißt, wenn der Heilige Geist in Kraft kommt. Dies war eine Bestätigung für uns, dass das, was geschah, von Gott kam. Wir möchten einige der Folgen erwähnen.

Sie wussten, dass sie errettet waren[1]

Durch ihre Visionen und die anderen Arten, auf die der Heilige Geist ihr Leben berührte, wurde den Kindern zutiefst ihre Sündhaftigkeit bewusst. Sie erkannten, dass es keine Hoffnung gab, es sei denn dass Gott sich ihrer erbarmte und ihnen half. Aber in ihrer Verzweiflung verdeutlichte Gott durch Seine Gnade ihnen genauso die herrliche Wahrheit, dass sie errettet waren. Einer nach dem anderen kam zu dem Verständnis zu sagen: „Ich weiß, dass ich erlöst bin." Die Adullam-Familie wurde verwandelt, als ein Junge nach dem anderen Gott begegnete. Die ganze Atmosphäre der Hausgemeinschaft änderte sich. Es gab so viel Freude und Herrlichkeit, dass sie übersprudelte. Bei den Vorbereitungsarbeiten für den neuen Garten priesen die Buben den Herrn so sehr, dass einige Burschen aus dem Ort sie mit „Preis den Herrn" verspotteten, wann immer sie ihnen begegneten. Als einer der Buben im Laden einige Nägel kaufen ging, rutschte ihm heraus, „Halleluja! Ich möchte ein paar Nägel". Gerade dieser Junge war einer der ersten aus seinem Stamm, der mit dem Heiligen Geist erfüllt wurde. Eines Tages auf seinem Weg zur Arbeit war er so voller Freude, dass er auf der Straße tanzte und den Herrn pries.

Sie sprachen in anderen Zungen[2]

In dem Wissen, dass ihre Sünden vergeben waren und dass sie wiedergeboren waren, begannen die Kinder mehr und mehr den Herrn zu suchen. Sie wurden immer tiefer in die geistliche Welt eingeführt, und obwohl die meisten von ihnen keine Erfahrung in irgendeiner der Gaben des Heiligen Geistes hatten, hatte Gott ihnen aufgetragen, Ihn um des Heiligen Geistes willen zu suchen, und das taten sie. Sie waren völlig eingetaucht oder getauft im übernatürlichen Geist wie auch die Apostel und die ersten Jünger, und über zwanzig Personen bei Adullam sprachen in anderen Zungen wie am Pfingsttag.[3]

Sie prophezeiten[4]

Früh in dieser Bewegung des Heiligen Geistes sprach Gott zu uns durch eines der kleinsten und einfachsten Kinder. Keiner der Anwesenden zweifelte daran, dass der Herr durch diesen kleinen Jungen direkt zu uns sprach. Es lag etwas in der Stimme, die durchdringende Kraft der Worte, die unsere Herzen auf eine Art erfassten, die wir nicht beschreiben können. Wir hatten so etwas noch nie zuvor erlebt. Wir alle wussten, dass wir direkt vom Herrn hörten. Später begann eine ganze Reihe von Menschen in Adullam zu prophezeien, und wir staunten immer mehr über die wundervollen Dinge, die Gott unter uns tat, indem er die von der Welt Verachteten gebrauchte, um Seine Pläne und Absichten zu offenbaren.

Sie sahen Visionen unsichtbarer Welten[5]

Einer der deutlichsten Hinweise auf das Werk des Heiligen Geistes war die Art, in der Er seine Verheißung erfüllte:

> **Wenn aber jener, der Geist der Wahrheit, gekommen ist, wird er euch in die ganze Wahrheit leiten; denn er wird nicht aus sich selbst reden, sondern was er hören wird, wird er reden, und das Kommende wird er euch**

verkündigen. Er wird mich verherrlichen, denn von dem Meinen wird er nehmen und euch verkündigen.
(Johannes 16,13-14)

Der Heilige Geist gab diesen einfachen Gläubigen, die erst ein paar Monate in der Bibel unterwiesen worden waren, erstaunlichste Offenbarungen über die Wahrheiten Christi, Seine Erlösung und die Zukunft. Es war wirklich wundervoll.

Oft erhielten mehrere Personen gleichzeitig Visionen, und insgesamt war es eine ansehnliche Zahl. Sogar einige der sehr jungen Sechsjährigen empfingen sie. Die Visionen kamen, als sie unter der Kraft des Heiligen Geistes waren, aber sie waren nicht einem Traum ähnlich, sondern sehr real. In vielen Fällen kamen die Kinder hinterher und fragten, ob die Bibel irgendetwas über einen bestimmten Aspekt sagte, den sie in den Visionen bezeugt hatten.

Hier einige Beispiele für Visionen, die sie sahen: Christus, wie er an einen Pfahl gebunden und gegeißelt wurde; Christus, der am Kreuz blutete, während Menschen gafften und spotteten; der Leib Christi, wie er vom Kreuz abgenommen, zum Grab getragen und hinein gelegt wurde, dann wurde das Grab verschlossen; ein Engel, der das Grab öffnete und Christi Auferstehung; Seine Erscheinung vor den Frauen, bei den Jüngern am See und all jenen im Obersaal; die Himmelfahrt Christi und die Erscheinung von zwei Engeln; der Himmel; detaillierte Visionen im neuen Jerusalem im Himmel; Engel; die Erlösten; die Hölle; der Zustand der Verlorenen in der Hölle; Dämonen; der Teufel; die große Trübsal und das, was in dieser Zeit mit denen geschehen wird, die Gott lieben, und mit dem Tier; die Schlacht von Harmagedon; das Binden und die Gefangenschaft Satans im Feuersee; das große Mahl Gottes und wie die Vögel das Fleisch der Könige und Führer dieser Welt essen; die Wiederkunft Christi mit Seinen Engeln; die Veränderung der Sonne und des Mondes; wie der Himmel erschüttert wird und Erdbeben geschehen und die Zerstörung, die die Wiederkunft Christi begleiten wird; die Auferstehung jener, die Gott kennen; das Hochzeitsmahl des Lammes im Paradies; ein detaillierter Blick auf die Wohnungen im Himmel und andere Szenen im Himmel.

Sie studierten die Bibel

Der Heilige Geist weckte solch ein großes Interesse am Bibelstudium in den Kindern, sogar den kleineren, dass sie fragten, ob sie aufhören könnten, „irdische Bücher" zu studieren, und stattdessen die Bibel studieren dürften.

Sie beteten und priesen Gott

Da die unsichtbare Welt so real für sie geworden war, ist es kein Wunder, dass sich das Gemeinschaftsleben in Bezug auf Gebet und Lobpreis änderte. Während nicht alle in Zungen redeten, waren doch alle bis auf wenige Ausnahmen so erfüllt und gesalbt mit dem Heiligen Geist, dass unser freudiger Lobpreis und unsere Anbetung von Christus, dem König, oft beinahe den Himmel zu berühren schien. Obwohl es Zeiten gab, als wir uns fragten, ob diese Bürger des Himmels jemals wieder auf die Erde zurückkommen würden, hätten wir uns keine Sorgen machen müssen. Der Heilige Geist war sehr wohl um jene auf Erden besorgt, denn in einer unserer Gebetsversammlungen begann ein Junge nach dem anderen Gott in echter Fürbitte um die Verlorenen anzuflehen, und betete, dass Gott uns alle als Seine mutigen Krieger im Kampf für die Gerechtigkeit gebrauchen würde. Ihre Erfahrung mit dem Heiligen Geist machte das Gebet zu mehr als einer Formalität, denn wir alle waren jetzt überzeugt, dass unsere wahren Feinde die geistlichen Mächte der Bosheit in der Himmelswelt waren.

Sie predigten in der Kraft des Heiligen Geistes

Nach zwei oder drei Wochen, in denen der Herr sie lehrte, wollten fast alle Kinder das Evangelium verkündigen, sogar die jüngsten. Als wir auf die Straßen hinausgingen, erlebten wir die Kraft und Gegenwart des Heiligen Geistes. Sowohl einige der jüngern als auch der älteren Buben erkannten wir fast nicht wieder, als sie unter der Salbung des Heiligen Geistes predigten, nicht schüchtern und in einer Verteidigungshaltung wie zuvor, sondern mit wirklicher Autorität. Himmel und Hölle, der Teufel und seine Macht, Christus, Sein Blut und Seine Erlösung waren für diese Jungen keine Mythen. Sie wussten, dass der Herr ihnen aufgetragen hatte zu predigen und sie erhielten die Botschaft *„Tut Buße, denn das Reich Gottes ist euch nahe"*. Wir freuten uns, als wir hörten wie sie so überzeugt predigten und die Menschen warnten, Gottes Zorn zu entgehen und die Erlösung in Christus erklärten. Bei einigen Gelegenheiten wirkte die Kraft Gottes besonders stark und es gab einige ungewöhnliche Predigten, die einem Wunder gleichkamen.

Am chinesischen Neujahrsfest, wenn die Straßen zum Festtag mit allen möglichen Leuten gefüllt sind, bildeten wir, nachdem wir Tausende von Handzetteln verteilt hatten, einen Kreis auf der Straße, um das Evangelium zu verkündigen. Einer der älteren Jungen hatte eine Predigt mit Bezug auf Neujahr vorbereitet, aber als er mit der Predigt begann, kam der Heilige Geist mit solcher Kraft, dass er plötzlich in einer anderen Sprache zu sprechen begann, während jemand anders ihn auslegte. Sobald der Herr den einen Ausleger gehen ließ, trat dieser zurück und ein anderer spürte die Salbung zu predigen. Sobald diese Person wieder in den Kreis zurücktrat, kam die Auslegung. Dies ging etwa ein bis zwei Stunden so weiter, während alle zuhörten, die nur irgendwie nah genug herankommen konnten. Menschen, die normalerweise dem Evangelium nie zuhören würden, lauschten jetzt höchst aufmerksam, während die Jungen mit einer Leidenschaft sprachen, die ihnen merkwürdig und ungewöhnlich vorkommen musste. Als wir den Gottesdienst beendet hatten, der vom Heiligen Geist mit solch einer Ordnung und Schönheit durchgeführt worden war, wobei jeder Prediger vom Herrn ausgesucht worden war und jeder unter Seiner direkten Inspiration redete, waren wir tief bewegt von diesen Wundern Gottes. So musste die Predigt der Urgemeinde zu Anfang gewesen sein, und es war ganz klar für uns, dass der Herr sich dies auch für das Ende der Zeiten so vorstellte.

Das Reden in anderen Sprachen mit Auslegung war weder am Anfang der Urgemeinde noch danach als **reguläre** Predigtordnung gedacht, aber wie 1. Korinther 14 deutlich zeigt, sollte es Teil der Predigtmethode für die Verkündigung des Evangeliums durch den Herrn sein, in der Kraft und Demonstration des Heiligen Geistes. Bei dieser Predigtweise ist der Verstand des Redners nicht beteiligt: bevor er seinen Mund öffnet, weiß er nicht, welche Worte der Geist durch seine Lippen sprechen wird. Dies ist rein prophetisches Predigen.

Es gab ein paar andere Situationen, in denen in Sprachen und Auslegung in ein paar Dörfern gepredigt wurde.

Der Herr war bei mehreren Gelegenheiten in unserer kleinen Straßenkapelle der Prediger. Zwei oder drei Abende lang gaben die jugendlichen Prediger unter der echten Salbung des Heiligen Geistes die inspirierendsten Predigten weiter, die ich je aus dem Mund chinesischer Evangelisten gehört habe. Es schien als müssten jene Predigten jeden zur Buße bewegen können.

Gott zeigte Seine Liebe mit noch größerer Macht nur ein paar Abende später, als ein Jugendlicher sehr kraftvoll predigte; plötzlich schloss er die Augen und begann zu prophezeien wie ein alttestamentlicher Prophet unter der direkten Inspiration des Heiligen Geistes. Der Ausdruck in seiner Stimme änderte sich plötzlich; die Bildung der chinesischen Sätze wurde rhythmisch und vollkommen; die Anrede wurde zur ersten Person und enthielt Sätze wie: „Ich bin der Herr, der allmächtige Gott, der eine wahre Gott, der alles geschaffen hat, der nun durch diesen Jungen zu euch spricht." „Gegen mich habt ihr gesündigt". Ich kann nicht beschreiben, welche Wirkung diese durchdringenden Worte des Jungen hatten und das Gefühl, in die Gegenwart Gottes geführt worden zu sein. Die Stühle unserer kleinen Kapelle hatten sich schnell gefüllt, während so viele Menschen wie möglich sich in der Türe drängten, um etwas zu sehen und voller Erstaunen und Ehrfurcht zuzuhören. Wenn es die leiseste Unruhe gab, gebot der Herr Ordnung, indem er durch den Jungen sprach und sagte: „Begeht in dieser Sache keinen Fehler. Hört aufmerksam zu und begreift. Ich, der Herr, habe alle Autorität im Himmel und auf Erden. Vor mir muss jeder Mensch und jeder Dämon Rechenschaft ablegen. Ich weiß alles über jeden von euch. Ich kenne all eure Sünden. Ich weiß, wie viele Haare auf eurem Haupt sind. Es sind 56 von euch, die heute Abend hier in Sünde leben. Tut heute Abend Buße und ich werde euch vergeben." Für eine halbe Stunde oder länger waren wir wirklich in der Gegenwart eines Propheten, als der Herr jene Personen auf diese Art zurechtwies für ihren Götzendienst, ihre Gottlosigkeit und all ihre Laster, und sie an den Rand der Verzweiflung brachte. Dann, wie bei den Propheten des Alten Testaments auch, sprach Gott von den Herrlichkeiten, die Er für Sein Volk bereit hält. Wie ein liebender Vater flehte Er sie an, noch an diesem Abend Buße zu tun. Er sprach von Zerstörung und Not, die am Tag des Zornes Gottes über ihre Nation kommen würde. All diese Dinge wurden mehrmals wiederholt, mit der Aufforderung, jedes Wort als von Gott gesprochen aufzunehmen, der jede anwesende Person nach diesem Abend zur Rechenschaft ziehen würde in Bezug auf ihre eigene Seele.

Als die Prophetie beendet war, setzte sich der Junge. Niemand rührte sich oder flüsterte auch nur ein Wort. Es schien mir, als müsste jede Person jetzt wissen, dass Gott zu ihr sprach. Fast alle Anwesenden waren hereingekommen, während die Augen des Jungen geschlossen waren. Als der Herr von 56 Personen unter der Macht des Teufels und der Sünde sprach, zählt einer der Buben sorgfältig alle anwesenden Personen, die nicht zur Adullam-Gemeinschaft gehörten. Es waren 56.

Zwei Dämonen werden ausgetrieben[6]

Der Herr hatte den Jungen durch Prophetie und direkte Offenbarung gesagt: „Dämonen müssen mir gehorchen." Sie sahen, wie der Herr Sein Wort bestätigte, als zwei Dämonen aus einem Mann ausgetrieben wurden.

Hier ist nicht genügend Raum, um alle Details der Lebensgeschichte des Mannes wiederzugeben, aber wir kannten ihn schon seit einigen Jahren und er lebte seit 6 Monaten bei uns. Viele Jahre lang war er Opfer von Depression gewesen. Weil die Dunkelheit, die sein Leben umgab, so intensiv gewesen war, wollte er sich das Leben nehmen und wir behielten ihn bei uns, um es zu verhindern. Er war immer traurig. Jede Anstrengung, die wir unternahmen, ihn zu Christus zu führen, war völlig zwecklos: Sein Denken war vollständig blind.

Der Herr gebrauchte drei Menschen, um die Dämonen auszutreiben. Einer der Dämonen in der Größe eines Menschen, hatte ein furchterregende schwarze Erscheinung. Einige Kinder sahen, wie er ausfuhr. Als der Herr einen Jungen gebrauchte, der plötzlich mit dem Heiligen Geist für diese Aufgabe erfüllt wurde, die Dämonen zu bedrohen, nahmen sie ihren letzten Kampf auf, um den Mann in ihrem Besitz zu halten. Die Hände des Mannes verkrampften sich, seine Augen waren fest geschlossen und sein ganzer Körper wurde hart und widerspenstig. Schließlich brachte der Heilige Geist im Herzen des Mannes eine Offenbarung, sein Körper entspannte sich und seine Hände streckten sich nach oben, um Gott zu preisen.

Mehrere Kinder sahen den Dämon, nachdem er ausgefahren war, wie er zornig hin und her raste und jemanden suchte, in den er hineinfahren oder den er überwinden konnte.[7] Alle Kinder, die die Unruhe gehörte hatten, als sie gerade ihre Mahlzeit einnehmen wollten und hereingekommen waren, um zu sehen, was da vor sich ging, standen mit erhobenen Händen da und dankten und priesen Gott. Da sie alle auf Jesus schauten und mit Seinem Blut bedeckt waren, hatte der Dämon keine Chance, irgendeinen von ihnen zu packen. Unser Schullehrer, der nicht wirklich bekehrt war, kam ebenfalls herein und schaute sich neugierig um, ohne zu beten. Der zornige Dämon sah seine Gelegenheit, ergriff diesen Mann und warf ihn mit einem dumpfen Schlag zu Boden. Der zweite Dämon saß auf ihm und verhinderte, dass er aufstehen konnte. Mehrere Kinder sahen dies. Unser Gärtner, der Jahre zuvor durch ein Wunder vom Opium befreit worden war, sah es ebenfalls. Er wurde plötzlich mit dem Heiligen Geist erfüllt und trieb den Dämon zum Zimmer hinaus.

Ich selbst sah nur die beiden Männer, der eine befreit und der andere, der plötzlich neben ihm zu Boden fiel. Ich hatte angenommen, der Lehrer sei durch die Kraft des Heiligen Geistes zu Boden gefallen, da Seine Gegenwart im Raum so spürbar war. Als er wieder aufstehen konnte, fragte ich ihn, warum er geweint hatte und warum er hingefallen war. Er sagt: „Ich weinte aus purer Angst. Etwas Furchtbares geschah. Alles wurde schwarz; ich sah, wie ich gerade auf ein schwarzes Loch am Fuß eines furchterregenden Berges zuging." Als er am Boden lag, sah er sich selbst, wie er von dem Dämon in Ketten gelegt wurde und in die völlige Finsternis weggeführt werden sollte – aber er kam wieder frei.

Die äußere Erscheinung des Mannes, aus dem der Dämon ausgefahren war, veränderte sich sofort. Er sprach von dem Frieden und der Freude, die er jetzt erlebte. Zu dem Zeitpunkt, als er von den Dämonen befreit wurde, erhielt er eine Vision des Himmels. Als er in der Nacht im Bett lag und an den Herrn dachte, war er so glücklich, dass er sich fragte, ob es recht war, dass er solch eine große Freude empfand.

Anmerkungen

1. *„Hieran erkennen wir, dass wir in ihm bleiben und er in uns, dass er uns von seinem Geist gegeben hat."* (1. Johannes 4,13)
2. *„Diese Zeichen aber werden denen folgen, die glauben: In meinem Namen werden sie Dämonen austreiben; sie werden in neuen Sprachen reden."* (Markus 16,17)
3. Das Neue Testament enthält viele andere Beispiele von Menschen, die in Zungen redeten. Als beispielsweise der Heilige Geist im Haus des Cornelius ausgegossen wurde: *„Während Petrus noch diese Worte redete, fiel der Heilige Geist auf alle, die das Wort hörten. Und die Gläubigen aus der Beschneidung, so viele ihrer mit Petrus gekommen waren, gerieten außer sich, dass auch auf die Nationen die Gabe des Heiligen Geistes ausgegossen worden war; denn sie hörten sie in Sprachen reden und Gott erheben"* (Apostelgeschichte 10,44-46); als sie die Erfüllung des Geistes in Ephesus erhielten: *„Und als Paulus ihnen die Hände aufgelegt hatte, kam der Heilige Geist auf sie, und sie redeten in Sprachen und weissagten"* (Apostelgeschichte

19,6). Auch Paulus tat es: *„Ich danke Gott, ich rede mehr in Sprachen als ihr alle"* (1. Korinther 14,18).

4. *„Und es wird geschehen in den letzten Tagen, spricht Gott, dass ich von meinem Geist ausgießen werde auf alles Fleisch, und eure Söhne und eure Töchter werden weissagen"* (Apostelgeschichte 2,17). *„Und als Paulus ihnen die Hände aufgelegt hatte, kam der Heilige Geist auf sie, und sie redeten in Sprachen und weissagten"* (Apostelgeschichte 19,6).

5. *„Wenn aber jener, der Geist der Wahrheit, gekommen ist, wird er euch in die ganze Wahrheit leiten; denn er wird nicht aus sich selbst reden, sondern was er hören wird, wird er reden, und das Kommende wird er euch verkündigen. Er wird mich verherrlichen, denn von dem Meinen wird er nehmen und euch verkündigen"* (Johannes 16,13-14). *„Und es wird geschehen in den letzten Tagen, spricht Gott, dass ich von meinem Geist ausgießen werde auf alles Fleisch, ... und eure jungen Männer werden Gesichte sehen"* (Apostelgeschichte 2,17).

6. *„Diese Zeichen aber werden denen folgen, die glauben: In meinem Namen werden sie Dämonen austreiben; sie werden in neuen Sprachen reden"* (Markus 16,17).

7. Vgl. die Geschichte des Jungen, der von einem bösen Geist besessen war, in Markus 9,17-27.

Kapitel 4

Visionen vom Himmel

Die Bibel sagt uns, dass das künftige Zuhause des Volkes Gottes der „dritte Himmel" ist.1 Es ist tatsächlich ein Ort, und an diesem Ort gibt es eine Stadt, das neue Jerusalem. Das neue Jerusalem ist keine Redewendung oder ein Gedanke, der so ausgedrückt ist, dass Menschen ihn verstehen können: Die Bibel sagt uns, dass es sich um eine echte Stadt handelt, mit einem echten Fundament, das Gott selbst gelegt hat.

Die Offenbarung des Johannes beschreibt das neue Jerusalem so:

> **Und er führte mich im Geist hinweg auf einen großen und hohen Berg und zeigte mir die heilige Stadt Jerusalem, wie sie aus dem Himmel von Gott herabkam, und sie hatte die Herrlichkeit Gottes. Ihr Lichtglanz war gleich einem sehr kostbaren Edelstein, wie ein kristallheller Jaspisstein; und sie hatte eine große und hohe Mauer und hatte zwölf Tore und an den Toren zwölf Engel und Namen darauf geschrieben, welche die Namen der zwölf Stämme der Söhne Israels sind ... Und die Stadt ist viereckig angelegt, und ihre Länge ist so groß wie die Breite. Und er maß die Stadt mit dem Rohr auf 12000 Stadien; ihre Länge und Breite und Höhe sind gleich. Und er maß ihre Mauer, 144 Ellen, eines Menschen Maß, das ist eines Engels Maß. Und der Baustoff ihrer Mauer war Jaspis und die Stadt reines Gold, gleich reinem Glas. Die Grundsteine der Mauer der Stadt waren mit jeder Art Edelstein geschmückt: der erste Grundstein ein Jaspis; der zweite ein Saphir; der dritte ein Chalzedon; der vierte ein Smaragd; der fünfte ein Sardonyx; der sechste ein Sarder; der siebente ein Chrysolith; der achte ein Beryll; der neunte**

ein Topas; der zehnte ein Chrysopras; der elfte ein Hyazinth; der zwölfte ein Amethyst. Und die zwölf Tore waren zwölf Perlen, je eines der Tore war aus einer Perle, und die Straße der Stadt reines Gold, wie durchsichtiges Glas.

(Offenbarung 21,10-12,15-21)

Jene, die errettet sind, leben in dieser herrlichen Stadt, die das Heim der Engel ist. Es ist der Ort des Paradieses und der Thron des lebendigen Gottes.

Warum soll das neue Jerusalem keine reale Stadt sein mit Straßen aus reinem Gold, mit Mauern aus Jaspis und Fundamenten aus wertvollen Juwelen? Hat Gott Seine Ressourcen alle verbraucht, als er das Universum schuf, sodass Er, als es an den Himmel kam, kein Gold mehr übrig hatte? Nein, hier auf Erden finden wir eine dünne Schicht, die Gold führt, oder einen wertvollen Juwel im Felsen oder im Boden verborgen. Sie sind die Schatten einer wahren Realität. Die wahre Realität ist in der Stadt zu finden, deren Erbauer und Schöpfer Gott ist. Die Bibel sagt uns: *„Denn die Schöpfung ist der Vergänglichkeit unterworfen worden ..."* (Römer 8,20). Das Gold, das wir wert schätzen, die Juwelen, die wir lieben, die Städte und großen Häuser, die wir bauen, sind nur Kopien der Stadt, die eines Tages vom Himmel herabkommen wird.

In manchen der Visionen, die sie erlebten, wurden die Adullam-Kinder in die Stadt Gottes versetzt. Wie sie die Stadt sehen konnten, weiß ich nicht. Wie Paulus ins Paradies gelangen konnte, entweder im Körper oder außerhalb des Körpers, weiß ich nicht. Das ist jenseits der natürlichen Ordnung der Dinge. Gegenwärtig müssen wir nicht wissen, wie. Wir brauchen nur die Fakten zu kennen. Johannes wurde die Stadt gezeigt und es wurde ihm vom Herrn aufgetragen, alles aufzuschreiben, was er gesehen hatte und es an die Gemeinden zu senden.

Im Himmel

Im Geist wurden die Adullam-Kinder von Zeit zu Zeit in diese Stadt versetzt – es war kein Traum, sondern Realität. Ihre Besuche waren so real für sie, dass sie tatsächlich dachten, ihre Seelen hätten ihre Körper verlassen, um in den Himmel zu gehen, oder dass sie auf irgendeine nicht nachvollziehbare Weise dorthin gegangen seien, der Körper mit der Seele, wie wenn man im alltäglichen Leben einen fernen Ort besucht.

Oft, wenn sie im Paradies waren und einige der himmlischen Früchte genossen, die dort wuchsen, pflückten sie ein paar zusätzlich, um sie in ihre Kleider zu stecken und zurück auf die Erde zu bringen für „Muh Si und Si Mju" (Pastor und Mrs. Baker). Sie wussten, dass sie nur zu Besuch im Himmel waren und bald zurückkehren würden. Bei ihrer Rückkehr, wenn der Geist sich von ihnen hob, fingen sie sofort an, in ihren Kleidern nach den herrlichen Früchten zu sehen, die sie für uns mitgebracht hatten. Wenn sie diese nicht finden konnten, huschte ein Ausdruck großer Überraschung, Verwirrung und Enttäuschung über ihre Gesichter. Sie konnten nicht glauben, dass sie nicht körperlich im Himmel gewesen waren und die Früchte in ihren Kleidern nicht mehr da waren.

Auf den Straßen des neuen Jerusalem spazieren zu gehen war genauso real für sie wie ein Gang durch die Straßen einer chinesischen Stadt. Eines Tages, als sie im hellen Sonnenschein die Straße entlang gingen, fragte ich die Buben, ob die Visionen genauso real und klar waren wie das, was wir gerade sahen. „Genauso echt", sagten sie, „aber viel klarer wegen dem Licht im Himmel und wegen den weißen Kleidern und weil es so sauber überall war, denn dadurch wurde alles so viel heller."

Immer wenn sie im Geist waren, verloren die Kinder normalerweise das Gefühl für ihre natürliche Umgebung. In vielen Fällen sprachen sie, obgleich sie im Himmel waren, laut und beschrieben, was sie sehen konnten, und führten Gespräche, die wir alle hören konnten. Oft führten sie Bewegungen vor unseren Augen aus, die sie dort erlebten.

Die Adullam-Kinder sagten, dass sie in den dritten Himmel gingen. Wenn sie den ersten Himmel durchquerten, spürten sie Luft auf ihren Gesichtern. Nach dem zweiten Himmel schauten sie zurück auf die wundervolle Schönheit der Sterne, ähnlich wie ein Mensch, der auf einem Berg steht und vielleicht auf die schönen Lichter einer in weiter Ferne liegenden Stadt blickt. Von diesem Sternenhimmel gingen sie weiter in den dritten Himmel, bis sie das himmlische Jerusalem erreichten.

Als sie sich der himmlischen Stadt näherten, sahen sie ihr Licht in der Ferne. Beim Näherkommen sahen sie die schöne Stadtmauer, die in jaspisgefärbtem Licht glühte. Die Fundamente waren zu schön, um sie zu beschreiben, sie glitzerten in rot, gelb, orange, pink, blau, grün, violett und all den anderen Farben der zwölf atemberaubenden Juwele.

Die Kinder beschrieben die Stadt im Himmel als drei Städte in einer: eine war über der anderen errichtet, die größte zu unterst und die kleinste auf der Spitze, sodass sich eine Pyramide daraus ergab. Da die Stadt, die Johannes sah, mit einer Mauer umgeben ist und über 2000 Kilometer hoch, haben Experten vermutet, dass es sich nicht um einen Würfel, sondern eine **Pyramide** handelt. Natürlich wussten unsere Kinder nichts von alledem, noch hatten sie sich das neue Jerusalem jemals als drei Städte in einer vorgestellt, wobei eine über der anderen errichtet ist. Gott, der die Welten im Raum ausspannt, vermag auch diese Städte im Raum auszuspannen. Die Bibel gibt uns keine Details über die innere Ordnung der Stadt.[2]

Bei einer Gelegenheit gab einer unserer kleinen Buben eine Prophetie weiter, die ich im Detail in Kapitel 9 beschreiben werde. In seiner Vision war er zu Füßen des Herrn. Der Herr sagte zu ihm in dieser Prophetie, dass Er den Himmel groß genug für alle gemacht habe, dass es dort drei Städte übereinander gäbe und dass gegenwärtig Sein Thron in der zu oberst gelegenen Stadt stünde.

Da Zeit und Entfernung in der Himmelswelt nichts sind, gibt es keine Anordnung, die unmöglich wäre. Es gibt drei Himmel. Es gab drei Stockwerke in der Arche, wo Gott einen

Überrest Seiner Schöpfung sicher bewahrte. Gott ist drei in einem. Warum soll die Stadt des Königs aller Könige nicht drei Teile haben?

In die himmlische Stadt

Die Kinder betraten die Stadt mit ihren goldenen Straßen durch die Perlentore hindurch. Engel in Weiß bewachten die Tore und hießen die willkommen, die hineingingen. Welch ein Empfang es war! Wie der Erlöser verheißen hat, wurden diejenigen, die in der Welt als Verstoßene behandelt und zurückgewiesen worden waren, von diesen Engelswesen wie Könige willkommen geheißen.

Durch die Tore in die Stadt! Engel, Engel überall. Engel, die sprechen, singen, Gott erheben, Harfen und Posaunen spielen, tanzen und den König preisen. Es war ein unglaublicher Anblick, jenseits menschlicher Vorstellungskraft. Die Kinder wurden mit Freude erfüllt – eine unbeschreibliche Freude, die sie nur in vergleichbarem Maße erlebt hatten, als sie mit dem Heiligen Geist erfüllt wurden, dem himmlischen Leben Gottes, der „Anzahlung des Himmels".

Die Kinder klatschten entzückt in die Hände; sie schrieen vor Freude. Manchmal rollten sie lachend über den Boden und hüpften und tanzten mit großem Vergnügen. Ihre Gesichter wurden so verwandelt von dieser himmlischen Freude, dass ihre Herrlichkeit auch auf uns zu scheinen schien. Es gab kein Leid in dieser Stadt: keine klagende Religion der langen Gesichter gab es dort, keine andächtigen, getragenen Choräle. Dies war eine Stadt voller Freude, „der Freude im Heiligen Geist".[3]

Tausende von Engeln

Als sie in der Stadt waren, entdeckten die Kinder die Bedeutung der Bibelstelle:

Sondern ihr seid gekommen zum Berg Zion und zur Stadt des lebendigen Gottes, dem himmlischen Jerusa-

lem; und zu Myriaden von Engeln, einer Festversamm-
lung.

(Hebräer 12,22)

Diese glücklichen Engel standen nicht nur an den Toren, sie
waren überall. Sie waren immer bereit, die Kinder überall zu
begleiten, wohin sie auch wollten. Sie gingen mit ihnen und
sprachen mit ihnen, erklärten ihnen die Bedeutung von Dingen, die sie nicht verstanden, genau wie sie mit dem Apostel
Johannes gesprochen und ihm die Geheimnisse Gottes offenbart hatten. Oft wurden unseren Kindern in diesen Erfahrungen mit den Engeln Harfen gereicht und sie wurden gelehrt,
sie zu spielen und mit den Engeln zu singen. Ihnen wurde
auch gezeigt, wie man die Posaunen spielt, und auch sonst
viel von der Musik und der Sprache des Himmels.

Die Musik und die Sprache des Himmels

Wenn wir die Kinder mit geschlossenen Augen sahen, wie sie
rhythmisch durch den Raum tanzten, entdeckten wir, dass sie
in ihrer Vision mit den Engeln im Himmel tanzten und sich
im Takt der himmlischen Musik wiegten. Als wir sahen, wie
sie scheinbar eine Posaune spielten oder über eine Harfe stri-
chen, fanden wir heraus, dass sie sich zum himmlischen Or-
chester gesellt hatten, das den König pries. Wir konnten die
himmlischen Harfen oder Posaunen nicht sehen; wir konnten
den freudigen Tanz der Engel nicht sehen oder ihre Lieder
hören; wir konnten nur die Kinder hören, wie sie himmlische
Lieder sangen. Es kam täglich vor, dass wir ein Kind fanden,
das auf ein paar Kiefernnadeln gebettet gemütlich in einer
Ecke ganz allein da lag und sich bewegte, als spiele es Harfe.
Wenn wir uns näherten, konnten wir hören, wie es ein neues
Lied sang, das wir ihm nie beigebracht hatten. Wenn wir
noch näher kamen, konnten wir feststellen, dass die Worte
uns genauso fremd waren wie die Melodie. Der Sänger sang
in einem himmlischen Chor mit. Sein Lied war das Lied der
Engel, das sie ihm beigebracht hatten. Die Worte des Liedes

mussten der Sprache der Engel entsprechen. Die Kinder in diesem himmlischen Engelschor singen zu sehen, war unvergesslich. Manchmal beschlossen mehrere von ihnen an einer Stelle der himmlischen Stadt oder im wunderbaren Paradies, dass sie gemeinsam singen und spielen wollten. Mit geschlossenen Augen, völlig unter der Kraft des Heiligen Geistes, gingen drei oder vier Kinder miteinander weg. Wenn wir in der Nähe waren, konnten wir hören, wie sie beratschlagten, wer die Posaune spielen und wer singen würde. Nachdem alles entschieden und jeder bereit war, begannen die himmlischen Lieder. Die Posaunenspieler hielten ihre Hände vor sich und gestikulierten als bliesen sie die Posaune. Die Harfenspieler spielten und sangen, während jene ohne Instrumente in den Gesang einstimmten. In diesen Fällen sangen sie immer in Sprachen, die wir nicht verstanden, es sei denn, dass sie übereinstimmend beschlossen, einen der Choräle zu singen, den sie „unten auf der Erde immer gesungen hatten". In diesem Fall sangen sie auf Chinesisch.

Jesus sehen und anbeten

Der Höhepunkt all der himmlischen Freude und der Wunder war es „Jesus zu sehen" und den Einen zu anbeten, der sie durch Sein Blut erlöst hatte.

Bald nachdem sie durch die Tore der Stadt gekommen waren, wurden die Kinder von den Engeln mitgenommen „Jesus zu sehen". Wir konnten hören wie sie darüber redeten, dass sie „jetzt gehen und Jesus sehen" wollten und beobachteten, wie sie sich in der Vision dem Thron Christi näherten. Wenn sie in Seine wunderbare Gegenwart kamen, standen sie mit ehrfürchtigem Blick voller Liebe und Hingabe auf den Herrn der Schöpfung gerichtet, der auch ihr Erlöser war. Zuerst dankten sie Ihm und mit aneinandergelegten Händen beugten sie sich vor Ihm in Respekt und liebender Bewunderung. Dann knieten sie nieder und beugten ihre Gesichter in echter Anbetung „in Geist und Wahrheit" zu Boden, auf eine Art, die wenige auf Erden kennen, es sei denn sie haben die Taufe mit Gottes Heiligem Geist erlebt.[4]

Der Thron Gottes und der Thron Christi

Wie der Apostel Johannes sahen auch die Kinder den Thron Christi:

> ... Und auf dem Thron saß einer. Und der da saß, war von Ansehen gleich einem Jaspisstein und einem Sarder, und ein Regenbogen war rings um den Thron, von Ansehen gleich einem Smaragd. Und rings um den Thron sah ich vierundzwanzig Throne, und auf den Thronen saßen vierundzwanzig Älteste, bekleidet mit weißen Kleidern, und auf ihren Häuptern goldene Siegeskränze ... Und sieben Feuerfackeln brennen vor dem Thron, welche die sieben Geister Gottes sind.
>
> (Offenbarung 4,3-4,5b)

Jesus ist überragend

Egal wie erstaunt die Kinder auch über all die wunderbaren Dinge waren, die sie in der Goldenen Stadt sahen, egal wie glücklich sie bei all dem Spaß im Paradies waren, egal wie erfüllt mit Freude sie in der Gegenwart der Engel waren, Jesus wurde nie vergessen. Sein Name fiel in jeder Unterhaltung; jedes Vergnügen war durchmischt mit Seinem Lobpreis; Er wurde überall erhoben, in allem und von jedem.

Ein Haus für jeden

Auf jeder Seite der schönen goldenen Straßen standen Gebäude nebeneinander, mit Räumen, die sich zur Straße hin öffneten. Es gab einen Raum für jede einzelne Person im Himmel. In die Tür und Vorderwand des Hauses waren wertvolle Juwelen eingelassen, die so hell glänzten, dass das Gebäude von Licht und Herrlichkeit erfüllt leuchtete. Der Name jedes Bewohners stand über der Tür geschrieben. Die Engel nahmen die Kinder mit in ihre Zimmer. In all den Zimmern gab es dieselbe Art Mobiliar: einen schönen goldenen Tisch, auf dem eine Bibel lag, eine Vase, einen Stift und ein Buch; am Tisch stand ein goldener Stuhl; es gab auch ein wundervolles goldenes Schatzkästchen und ein goldenes Bett. In jedem Raum gab es eine Krone mit eingelassenen Juwelen, eine goldene Harfe und eine Posaune. Die Mauern waren aus Gold. Von der Bibel, die aus einer Art Papier gemacht war, wie die Kinder sie auf Erden noch nie gesehen hatten, gebunden in Gold, ging solch ein brillantes Licht und eine Herrlichkeit aus, dass kein anderes Licht gebraucht wurde. Den Besuchern wurde gesagt, dass sie, wenn sie endgültig kämen, nachdem sie gestorben waren, ins Paradies gehen dürften und jede Blume ihrer Wahl pflücken dürften, um sie in die hübsche Vase auf dem goldenen Tisch zu stellen.[5]

Die Kinder konnten ihre Zimmer besuchen, wann immer sie wollten, konnten ihre Bibeln lesen oder ihre Harfen und Posaunen spielen. Manchmal nahmen sie ihre Posaunen oder Harfen mit auf die Straßen oder ins Paradies, um mit den Engeln und den Heiligen zu spielen und zu singen, die durch das Blut Jesu erlöst worden waren.

Bei diesen Ausflügen durch den Himmel waren sich die Kinder immer bewusst, dass ihr Besuch im Himmel nur von kurzer Dauer war, obwohl sie gleichzeitig ihrer wirklichen Umgebung auf Erden völlig entrückt waren. Sie wussten, dass sie nur dort waren, um zu sehen, was für sie nach ihrem Tod bereitet war, damit sie es anderen auf der Erde erzählten, wenn sie wieder zurück waren. Die Engel und der Herr sagten den himmlischen Besuchern, dass wenn sie glaubten und gehorchten, all diese Dinge ihnen gehören würden. Sie wussten nicht nur, dass sie wieder auf die Erde zurück sollten, sondern sie wussten manchmal auch, wann sie wieder in den Himmel zurückkehren würden.

Einer der Jungen hängte seine Krone und Posaune in seinem Zimmer wieder auf, nachdem er die Herrlichkeiten des Himmels genossen hatte, damit er sie gleich wieder fände, wenn er gestorben und für immer in den Himmel zurückgekehrt wäre. Er kam dann wieder auf die Erde und die Kraft des Heiligen Geistes wich von ihm. Als er seine Augen öffnete, war er in unserem Raum in Adullam und erzählte uns von seiner wunderbaren Reise in den Himmel.

Können wir uns ausmalen, dass der Herr diese Jungen errettete, sie mit dem Heiligen Geist erfüllte und sie dann zum Narren hielt, indem er ihnen einen symbolischen und mythischen Himmel zeigte? Unmöglich! Unser himmlischer Vater zeigt Seinen Kindern, was Er für sie bereitet hat (1. Korinther 2,10), Er verspricht ihnen, dass Er ihnen all dies geben wird (Offenbarung 3,21), und dann gibt Er ihnen genau das, was Er verheißen hat (Lukas 11,9,13).

Wenn die Kinder die himmlischen Zimmer ihrer Freunde aus Adullam sahen, klatschten sie in die Hände, lachten und schrieen vor Freude, riefen einander beim Namen, sie sollten doch kommen, um ihr Zimmer zu sehen. Im Geist rannte eines der Kinder auf der Straße des neuen Jerusalem entlang und las laut die Namen über jeder Tür vor.

Alte Freunde im Himmel

An ersten Tag, als der Heilige Geist auf die Kinder fiel und einer der Buben in einer Vision in den Himmel entrückt wurde, kamen außer den Engeln, die ihn willkommen hießen, auch noch zwei Jungen von Adullam zu ihm, die im Jahr zuvor gestorben waren und zweifellos errettet gewesen waren. Diese zwei, Hsi Dien Fu und Dschang Hsing hatten ein kleines Mädchen bei sich, das in Kotschiu vier Jahre zuvor gestorben war, und an das unsere Kinder nicht mehr gedacht hatten. Die beiden Jungen, die gestorben waren, führten die Adullam-Kinder durch den Himmel, zuerst, um Jesus zu sehen und Ihn zu anbeten und Ihm zu danken, und dann später zu ihren Zimmern und dann in der Stadt herum und hinaus ins Paradies, um zu spielen.

Jeder, der in den Himmel kam, erhielt weiße Kleider. Die Engel, die ebenfalls in nahtlose Kleider in makellosem Weiß gehüllt waren, hatten Flügel, aber jene, die errettet waren, hatten keine. Es gab einen klaren Unterschied zwischen beiden.

Später sahen noch viele Kinder diese Jungen von Adullam, die im Himmel waren. Der Himmel schien nicht weit weg zu sein, wenn sie so vor unseren Augen gestikulierten und diese himmlischen Visionen auslebten. Mit geschlossenen Augen und strahlenden Gesichtern klatschten sie in die Hände und schrieen vor Freude über diese Jungen, die im Vorjahr gestorben waren, und riefen sie, sie sollten sich beeilen, und diesen oder jenen Raum oder irgendeine der goldenen Straßen ansehen, eine neue Szene unter den Engeln, eine neue Entdeckung im Garten des Paradieses, oder sie sollten kommen und die Harfe spielen und mit ihnen Jesus preisen und Ihm singen. Die Jungen, die gestorben waren, wurden so oft im Himmel gesehen und ihre Namen wurden mit solch überströmender Freude gerufen, dass sie nicht weit weg zu sein schienen, nur außer Sicht. Der Himmel war so real, so nah, so wunderbar, so gewiss, dass wenn eines unserer Kinder in jenen Tagen gestorben wäre, die anderen es um dieses Privileg beneidet hätten.

Der Schritt in den Himmel nach dem Tod oder bei der Wiederkunft des Herrn schien so klein und die Wiederkunft des Herrn so nah, dass aus unserem Denken alle Verwunderung darüber verschwand, wie die ersten Jünger all ihren Besitz verkaufen und Verfolgung und Tod ohne Zögern auf sich nehmen konnten.

Unser Reich gehört nicht zu dieser Welt. Unser Bürgerrecht ist im Himmel und aus dieser Haltung heraus erwarten wir unseren Erlöser. Unser Leben, unsere Arbeit, unser Dienst, unsere Nöte hier sind nur kurze und vorübergehende Episoden auf dem Weg zum wahren Leben, der wahren Stadt, im wahren Reich, das nicht erschüttert werden kann.

Anmerkungen

1. Paulus schreibt in 2. Korinther 12,2: *„Ich weiß von einem Menschen in Christus, dass er vor vierzehn Jahren bis in den dritten Himmel entrückt wurde."*

2. Andere Menschen, die Visionen vom Himmel hatten, sprechen davon, dass die Stadt der Zahl sieben entsprechend angeordnet ist. Es scheint auch eine Reihe von Ebenen zu geben. Wir dürfen nicht meinen, dass irgendjemand in einer Vision mehr als nur einen Bruchteil des Himmels gesehen hat.

3. *„Denn das Reich Gottes ist nicht Essen und Trinken, sondern Gerechtigkeit und Friede und Freude im Heiligen Geist"* (Römer 14,17).

4. Vgl. Johannes 4,23.

5. Kurz nach der Publikation der ersten Ausgabe dieses Buches erhielt der Autor einen Brief von einer Frau in England, die sagte, dass sowohl sie als auch ihr Sohn zehn Jahre zuvor Visionen von dieser Straße und von diesen Wohnungen gehabt hatten, und bestätigte die Details der Visionen, die die Adullam-Kinder empfangen hatten.

   In einem abgelegenen Teil der Provinz Yunan sah ein Junge aus einem der Stämme dort, der diese anderen Visionen nicht kannte, ebenfalls diese Straße. Stammesangehörige bestätigten ebenfalls die Visionen von anderen Teilen des neuen Jerusalem, die die Adullam-Kinder hatten, mit großflächigen Parkanlagen und reich geschmückten Wohnungen.

Kapitel 5

Das Paradies

Bevor wir die wundervollen Visionen der Kinder vom Paradies beschreiben, wollen wir zeigen, dass das, was die Kinder sahen, mit den Plänen des Vaters für Seine Kinder, wie sie in Seinem Wort offenbart sind, übereinstimmt.

Als der Herr den ersten vollkommenen Menschen erschuf und ihm eine vollkommene Braut gab, die an seiner Seite sein sollte, pflanzte Er einen Garten *„im Osten, in Eden"*.

> **Und Gott, der HERR, ließ aus dem Erdboden allerlei Bäume wachsen, begehrenswert anzusehen und gut zur Nahrung, und den Baum des Lebens in der Mitte des Gartens, und den Baum der Erkenntnis des Guten und Bösen.**
>
> **(1. Mose 2,9)**

Also plante Gott von Anfang an, dass die Menschen in der Schönheit der Natur leben sollten. Er gab Adam und Eva ein schönes Zuhause, das Er selbst geplant und angepflanzt hatte. Es gab keine Sünde, keine Krankheit, keinen Tod; es gab keine Dornen und Disteln. Es war eine ganz andere Welt als die, die wir jetzt kennen. Es war der Himmel auf Erden und die Menschen hätten das Leben und ihr Glück dort für alle Zeit genießen können.

Als die Sünde in die Welt kam, verdarb sie die Schöpfung. Eden und die Schöpfung waren nicht mehr ewig: sie wurden zeitlich begrenzt. Wegen der Sünde verloren die Menschen ihr Eden und die Beziehung, die sie zu Gott gehabt hatten.

Wenn die Menschen wiederhergestellt sind, werden sie in ihren Garten Eden und in ihre Beziehung mit Gott zurückkehren, aber es wird keine Rückkehr zum ursprünglichen

Schöpfungszustand sein: eine neue geistliche Ordnung wird gelegt werden.

Der Garten Eden war ein Paradies auf Erden; das Paradies der Zukunft ist geistlicher Natur. Aber es ist genauso **real**. Nachdem Er auferweckt wurde, war Christus real und ähnlich wie zuvor, aber gleichzeitig war Er geistlich und anders. Er konnte immer noch mit Seinen Jüngern essen und trinken.[1] Er hatte einen Leib, den man berühren und Hände, die Fisch und Brot an Seine hungrigen Jünger austeilen konnten.[2] Aber in Seiner Auferstehung war der Leib des Herrn nicht begrenzt durch die Zeit und den Raum der materiellen Welt.

Christi Auferstehung von den Toten erlöste nicht nur gefallene menschliche Wesen: sie erlöste auch die Schöpfung. Eines Tages wird unsere Welt mit ihren Tieren, Vögeln und Pflanzen wiedergeboren werden. Sie wird der ersten Schöpfung ähnlich sein, aber sie wird auch anders sein. Sie wird nicht länger dem Verderben und dem Verfall unterliegen. Dies wird die wirkliche Ordnung sein.

> **Denn das sehnsüchtige Harren der Schöpfung wartet auf die Offenbarung der Söhne Gottes, ... dass auch selbst die Schöpfung von der Knechtschaft der Vergänglichkeit freigemacht werden wird zur Freiheit der Herrlichkeit der Kinder Gottes.**
>
> **(Römer 8,19+21)**

Die Natur und alles Pflanzen- und Tierleben wartet also sehnsüchtig darauf, freigemacht zu werden. Die Bibel sagt uns, dass jene, die von Christus errettet wurden, „Erstlingsfrüchte" des Auferstehungslebens sind, das für die ganze Schöpfung kommen soll.[3]

Christus selbst ist *„das Bild des unsichtbaren Gottes, der Erstgeborene aller Schöpfung"* (Kolosser 1,15). Wie kann dies wahr sein, es sei denn, dass das Tier- und Pflanzenreich schließlich folgen und Teil seiner Wiedergeburt werden? Sogar die Erde wird Teil haben an diesem Prozess, denn *„wir erwarten aber nach seiner Verheißung neue Himmel und eine neue Erde, in denen Gerechtigkeit wohnt"* (2. Petrus 3,13). Sicherlich wird diese neue Erde Bäume und Blumen haben, Tiere und Vögel und all die Schönheit der Natur, aber sie wird ewig bestehen. Auf jener neuen Erde wird

> **der Wolf beim Lamm weilen und der Leopard beim Böckchen lagern. Das Kalb und der Junglöwe und das Mastvieh werden zusammen sein, und ein kleiner Junge wird sie treiben.**
>
> **(Jesaja 11,6)**

Diese Dinge sind so gewiss wie das Wort Gottes:

> **Und der, welcher auf dem Thron saß, sprach: Siehe, ich mache alles neu. Und er spricht: Schreibe! Denn diese Worte sind gewiss und wahrhaftig.**
>
> **(Offenbarung 21,5)**

Johannes *„sah einen neuen Himmel und eine neue Erde"*, und er sah auch *„die heilige Stadt, das neue Jerusalem, aus dem Himmel von Gott herabkommen"* auf die neue Erde (Offenbarung 21,1+2).

Genau wie es einen Garten Eden auf der ersten Erde gab, der voller Begehrlichkeiten und Herrlichkeiten war, so wird es im neuen Jerusalem ein neues Eden geben. Es besteht bereits im neuen Jerusalem im Himmel, aber es ist noch nicht herabgekommen. Aber es wird bald kommen. Vielleicht ist dieser Gedanke neu für die meisten unserer Leser, wie er es für uns auch war. Das ist so, weil wir nicht leicht glauben können, was die Schrift uns sagt.

Wir lehrten die Kinder nicht über das Paradies. Sie lehrten uns. Einige der jüngsten Kinder, die im Natürlichen am wenigsten darüber wussten, waren unsere besten Lehrer. Wenn man mit den Lehren der Bibel vergleicht, was sie sahen, wird klar, dass ihnen diese Wahrheiten vom Herrn gezeigt wurden.

Die Worte „Paradies" und „Eden" haben dieselbe Bedeutung. „Paradies" ist ein persisches Wort, das in der Septuaginta verwendet wird, um „Eden" zu übersetzen. „Eden" bedeutet „ein Park" – ein Ort, den Menschen genießen können, umgeben von Feldern und Bäumen. Aber sogar die schönsten Parks auf Erden, mit lieblichen Landschaften, Wasserläufen, Wäldern, sanften Weiden, Blumen, Vögeln und Tieren, sind nur eine blasse Imitation des ursprünglichen Garten Eden. Die natürliche Schönheit, die wir so sehr genießen, ist eine Erinnerung an das Eden, das uns am Ende unserer Pilgerreise erwartet.

Die Kinder von Adullam sehen das Paradies

Es interessiert Sie sicherlich genauso wie uns, was unsere Adullam-Kinder im Paradies sahen. Einer der jungen Männer fand sich im Paradies wieder, kaum dass er in die himmlische Stadt gekommen war. Dort empfingen ihn die beiden Jungen von Adullam, die in Hokau gestorben waren. Sie kamen bald zu einer weitläufigen Stelle wie einer großen Rasenfläche, die von herrlichen Bäumen umgeben war, die golden glitzerten. Die ganze Szene war so überwältigend, dass der junge Mann zu seinen himmlischen Freunden sagte: „Das ist gut genug für mich. Es kann nichts Schöneres als dies hier geben. Ich werde genau hier bleiben." Aber die Jungen sagten: „Nein, bleib nicht hier. Es gibt noch erstaunlichere Dinge zu sehen." Sie gingen ein wenig weiter und kamen zu noch herrlicheren Bäumen, manche von ihnen trugen Frucht. Wieder war alles so schön, dass wir nicht einmal anfangen zu ahnen wie sehr. Der junge Mann sagte: „Ich muss hier bleiben. Ich kann nicht hier weggehen und diese herrliche Schönheit hinter mir lassen. Ich bin so glücklich." Aber wieder ermutigten die Jungen ihn. „Komm doch. Es gibt noch viel schönere Orte als diesen zu sehen." Aber er antwortete: „Geht ihr. Ich werde noch eine Weile hier bleiben." Sie ließen ihn auf dem weichen, samtartigen Gras unter den Bäumen mit dem sich weit öffnenden Raum vor ihm zurück. Auf Erden hatte er nie solche Freude und solches Glück gekannt wie hier.

Ein Engel kam Harfe spielend und singend vorbei. Der Engel lächelte und bot ihm seine Harfe an. „Ich kann nicht spielen", sagte er. Der Engel ging weiter. Bald kamen andere Engel und lächelten ihm zu, während sie spielten und sangen.

Die Engel trugen nahtlose Kleider. Ihre Gesichter waren vollkommen und einer war schöner als der andere. „Wenn sie lächelten – oh, es ist unmöglich, das zu beschreiben", sagte der Junge. „Es gibt nichts, womit man auf Erden das Lächeln eines Engels beschreiben kann".

Die Adullam-Kinder sahen immer wieder ähnliche Szenen und sogar noch schönere. Sie sahen Bäume, die leckerste Früchte trugen; sie sahen Felder mit den erstaunlichsten Blumen jeder Form und Farbe, die einen wunderbaren Duft verströmten. Es gab Vögel mit dem schillerndsten Gefieder und fantastischem Gesang. Es gab auch Tiere jeder Größe und Beschreibung: große Hirsche, kleine Hirsche, Löwen, Elefanten, Kaninchen und alle möglichen kleinen Streicheltiere, wie sie sie nie zuvor gesehen hatten.

Die Kinder hielten die Tierchen in ihren Armen und reichten sie einander weiter. Oder vielleicht fanden sie einen Löwen, der friedlich unter einem Baum lag. Dann kletterten sie auf seinen Rücken und ließen ihre Finger durch seine wuschelige Mähne gleiten, bürsteten sein Gesicht mit ihren Händen und legten dann ihre Hände in sein Maul. Wenn sie wollten, rollten sie sich neben ihm ein, um die Liebe ihres Schöpfers zu genießen. Wie wir bereits gesehen haben, gilt:

Und der Wolf wird beim Lamm weilen und der Leopard beim Böckchen lagern. Das Kalb und der Junglöwe und das Mastvieh werden zusammen sein, und ein kleiner Junge wird sie treiben.

(Jesaja 11,6)

Kleine Kinder ritten auf den kleinen Hirschen, während ältere Kinder auf den größeren Hirschen oder auf einem freundlichen Elefanten ritten. Es war ein Ort der vollkommenen Liebe und Harmonie, voller Freude und Lachen. Nur unser Vater im Himmel konnte solch ein Paradies geplant haben!

Wenn die Kinder hungrig waren, pflückten sie einfach die wundervollen Früchte, die dort wuchsen, oder aßen das süße und erfrischende Manna, das überall zu finden war. Wenn sie durstig waren, tranken sie vom Wasser des Lebens aus den kleinen Wasserläufen, die hier und dort durch den Garten liefen.[4]

Die Heiligen der Bibel

An den weitläufigen Stellen, die wie große Rasenflächen aussahen, versammelten sich immer wieder Menschen des Himmels und tanzten und spielten Posaunen mit den Engeln. Manchmal beteiligten sich die Adullam-Kinder an diesem Spaß, gemeinsam mit den Kindern, jungen Menschen und Erwachsenen dort, aber keiner war alt. Es gab so viel Glück und Freude überall.

Die Engel wiesen auf Abraham, David, Daniel, die Propheten und andere Heilige der Bibel hin, und jene Gläubige, die den Märtyrertod erlitten hatten. Sie sahen Petrus, Jakobus, Paulus und andere, derer die Welt nicht würdig war. Einer unserer Jungen aus dem armen Miao –Stamm, sah seine Tante und seine eigene kleine Schwester, die gestorben waren. Unsere eigene kleine Chinesin Mary, die in Kotschiu gestorben war, kam zu unseren Jungen und nahm sie an der Hand.

Vision vom Tod eines Christen

In seiner Vision sah der Junge Verwandte und Freunde, die sich um das Bett der sterbenden Person versammelt hatten, während ein Engel dabei stand und darauf wartete, dass der Mann seinen Geist aushauchen würde. Als die Zeit gekommen war, nahm der Engel den Christen bei der Hand und führte ihn hinauf in den Himmel. Böse Fürsten und Mächte versuchten ihr Vorankommen zu verhindern, aber sie wurden durch den Glauben des Engels und seinen Lobpreis überwunden, als sie auf ihrem Weg zur himmlischen Stadt voranschritten.

Nachdem er am Tor willkommen geheißen worden war, wurde der Neuankömmling von einer großen Gruppe Engel empfangen, die mit unglaublicher Freude sangen und tanzten, und gemeinsam gaben sie ihm einen königlichen Empfang in der ewigen Stadt.

Anmerkungen

1. Apostelgeschichte 10,41-42.
2. Lukas 24,39+42; Johannes 21,9+31.
3. *„Nach seinem Willen hat er uns durch das Wort der Wahrheit geboren, damit wir gewissermaßen eine Erstlingsfrucht seiner Geschöpfe seien"* (Jakobus 1,18).
4. Die Schrift lehrt, dass wir im Reich Gottes essen und trinken werden: *„Dass ihr esst und trinkt an meinem Tisch in meinem Reich …"* (Lukas 22,30). *„Ich sage euch aber, dass ich von nun an nicht mehr von diesem Gewächs des Weinstocks trinken werde bis zu jenem Tag, da ich es neu mit euch trinken werde in dem Reich meines Vaters"* (Matthäus 26,29). Die Bibel sagt auch spezifisch, dass wir im himmlischen Paradies essen werden (Offenbarung 2,7). Der „Baum des Lebens" ist ein allgemeiner Begriff, der eine Reihe von fruchttragenden Bäumen abdeckt, deren Früchte lebensspendende Qualitäten haben, die speziell zum Menschen in seinem sündlosen Zustand passen. Der Baum des Lebens ist nicht nur ein einziger Baum mit einer einzigen Art von Frucht, denn: *„Und er zeigte mir einen Strom von Wasser des Lebens, glänzend wie Kristall, der hervorging aus dem Thron Gottes und des Lammes. In der Mitte ihrer Straße und des Stromes, diesseits und jenseits, war der Baum des Lebens, der zwölf mal Früchte trägt und jeden Monat seine Frucht gibt, und die Blätter des Baumes sind zur Heilung der Nationen"* (Offenbarung 22,1+2).

Kapitel 6

In der Gegenwart von Engeln

Wann immer die Kinder den Heiligen Geist mit Macht erlebten, wurden sie sofort sensibel für die Gegenwart von Engeln.

Engel spielen eine wichtige Rolle im Werk des Heiligen Geistes. Nach 1. Korinther 14,32 sind sie auf irgendeine Weise involviert, wenn es um Worte der Prophetie geht. Johannes empfing seine Visionen auf Patmos durch einen Engel (Offenbarung 1,1,10). Visionen und Prophetie sind deshalb Schlüsselgebiete, in die Engel involviert sind.

Die Bibel deutet an, dass jede wahre Gemeinde einen besonderen Engel hat, der ihr dient (Offenbarung 1,20). Dies gilt auch für jeden, der errettet ist (Hebräer 1,14; Apostelgeschichte 12,15). Jedes Kind steht unter dem direkten Schutz eines Engels, der ständigen Zugang zum Thron Gottes im Himmel hat (Matthäus 18,10). Obwohl Tatsache ist, dass wir nur sehr selten Engel sehen, können sie uns doch immer sehen[1]. Es gibt verschiedene Ränge unter den Engeln.

Es gibt genügend Hinweise im Alten und Neuen Testament, um zu bestätigen, dass die Engel, die unsere Kinder von Adullam sahen, real waren. Wir haben die Visionen bereits beschrieben, die Kinder von Engeln hatten, die Kinder retteten, die von Dämonen in die Hölle gezerrt werden sollten. Es schien so, als würden Engel dabei helfen, die Verlorenen zu retten. Da Engel die Kinder in den Himmel führten und sie durch die Straßen des Paradieses geleiteten, scheint es so zu sein, dass sie etwas mit den Visionen zu tun haben, die den Kindern von Adullam geschenkt wurden. Da die meisten Kinder, die in anderen Sprachen redeten, dies taten, wenn sie mit den Engeln tanzten und sangen, mag es sein, dass Engel etwas mit der Zungenrede zu tun haben. Denn nach 1. Korinther 13,1 ist es möglich, mit „Engelszungen" zu sprechen.

Engel bei Adullam

Manchmal, wenn die Gegenwart des Heiligen Geistes mit Macht da war, sahen die Kinder in der Tat Engel im Raum oder in der Nähe. Wenn sie sich unter dem Angriff von Dämonen fühlten, sahen sie wie Engel kamen, um sie zu retten. Wenn gelegentlich ein sehr starkes Gefühl der Gegenwart des Herrn bei uns war und tiefe Harmonie und Liebe in unsere Zusammenkunft brachte, sahen die Kinder einen großen Engel über dem Raum und viele kleinere Engel, die nebeneinander standen, und jeder berührte den anderen zur Rechten und zur Linken, sodass sie den ganzen Raum umringten und kein Platz frei war, dass irgendein Dämon sich hätte hineinschleichen können. In diesen Zeiten, wenn eines oder mehrere Kinder die Truppe Engel sah, die uns bewachten, wurde nie ein Dämon im Raum gesehen, wie das zu anderen Zeiten häufig der Fall war. Eines Abends, als die Engelwache uns in vollkommener Geschlossenheit umgab, sagten die Kinder, sie könnten Dämonen außerhalb des Kreises hören, die aus Zorn Unruhe stifteten, weil sie auf diese Weise abgehalten wurden. Dieser Engelkreis wurde auch von den Buben in Kotschiu gesehen.

Ich werde nie dieses herrliche Gefühl der Gegenwart Gottes vergessen, das in jenen Gebetsgemeinschaften vorhanden war, als die Kinder sahen, wie der Engel über uns wachte. Dieser Engel sah lächelnd auf uns herab und drehte sich nach allen Seiten des uns umgebenden Kreises um, weil er sicher gehen wollte, dass es keine Möglichkeit für die Mächte der Finsternis gab, irgendwo einzudringen. Ich fragte mich, ob der Engel über uns Adullams spezieller Engel war und ob die kleineren Engel niedrigeren Ranges unsere individuellen Schutzengel waren. Zu allen Zeiten sahen die Kinder die Engel. Ihre Augen waren normalerweise geschlossen, wenn sie sie sahen, aber manchmal sahen sie sie mit weit geöffneten Augen. Wir konnten ohne Frage glauben, dass wir tatsächlich in der Gegenwart von Engeln waren.

Anmerkung

1. 1. Korinther 4,9.

Kapitel 7

Das Reich des Teufels

Denn unser Kampf ist nicht gegen Fleisch und Blut, sondern gegen die Gewalten, gegen die Mächte, gegen die Weltbeherrscher dieser Finsternis, gegen die geistigen Mächte der Bosheit in der Himmelswelt.

(Epheser 6,12)

Keiner, der in jenen Wochen der Ausgießung des Heiligen Geistes bei uns war, hätte nicht bemerkt, dass es zwei Reiche in ständigem Konflikt miteinander gibt. Das eine Reich wurde genauso real für uns wie das andere, und ohne den Hauch eines Zweifels waren die Menschen das Schlachtfeld. Sowohl das Alte als auch das Neue Testament lehren die Realität des Reiches der Finsternis und die Existenz von Dämonen.

Wir haben bereits erzählt, wie zwei Dämonen aus einem Mann ausgetrieben wurden und der größere Dämon gesehen wurde, wie er im Raum zornig hin und her raste, bis er schließlich den Lehrer überwand. Bei dieser Gelegenheit sagten zwei Jungen, dass der Dämon wie ein Mann aussah, aber groß und schwarz war. Als der Dämon durch einen geisterfüllten jungen Mann aus seinem Opfer ausgetrieben wurde, sahen ihn mehrere Kinder, wie auch den anderen Dämon, nur etwa halb so groß; beide suchten kurzfristig hinter ein paar Bäumen im Hof des Hauses Schutz. Diese Dämonen waren für die Kinder sichtbar, manche von ihnen beteten dabei mit geschlossenen Augen, andere mit offenen Augen. Aber sie alle sahen dasselbe zum gleichen Zeitpunkt. Die Dämonen sahen für alle Kinder gleich aus.

Im Adullam-Heim hatten wir ein junges Mädchen, das ganz offensichtlich anfällig für dämonische Aktivität war.

Sie sagte, dass sie bevor sie zu uns gekommen war, immer wieder „Anfälle" gehabt hatte, oder Episoden von Bewusstlosigkeit. Kurz nach ihrer Ankunft bei uns ging sie mit ein paar anderen Mädchen außerhalb der Stadt spazieren. Auf dem Weg nach Hause blieb eines der neueren Mädchen, das halb blind und geistig behindert war, hinter den anderen zurück und verlief sich. Das ältere Mädchen ging hin, um sie zu suchen, und auf dem Rückweg nach Hause sah sie drei Dämonen vor sich. Einer war „so groß wie eine Tür" und wurde von zwei anderen begleitet, die die Größe eines etwa zwölfjährigen Jungen hatten. Sie alle hatten eine schwarze Erscheinung mit großen Augen und hässlichen Gesichtern. Die zwei kleineren Dämonen schienen unter der Kontrolle des größeren zu stehen und gehorchten und folgten ihm. Das Mädchen hatte furchtbare Angst. Der größere Dämon kam auf sie zu und packte sie am Kopf. Ihr wurde schwindlig und sie war der Ohnmacht nahe, sie konnte kaum gehen. Sie konnte die Straße fast nicht mehr sehen und musste von dem anderen Mädchen, das sich verlaufen hatte, nach Hause geführt werden. Als sie zu Hause ankamen, fühlte sie sich eine Zeit lang besser, aber ein wenig später, während wir beim Abendessen waren, kam jemand herein und meldete uns, dass sie bewusstlos in ihrem Zimmer lag. Wir fanden sie auf dem Boden und sie atmete friedlich als schliefe sie, aber wir konnten sie nicht aufwecken. Nachdem wir für sie gebetet hatten, gingen wir wie sonst auch zu unserem Abendgebet. Das Mädchen kam bald wieder völlig normal aus ihrem Zimmer zu uns.

Sie erzählte uns, was passiert war. Sie hatte das Gefühl gehabt, als hätte man sie in Ketten gelegt und als würde sie von Dämonen auf einer langen dunklen Straße immer weiter weg gezogen; die ganze Zeit betete sie leise. Dann erkannte sie plötzlich, dass der Herr sie befreit hatte und sie konnte aufstehen. Sofort kam sie wieder zu Bewusstsein und ihr Verstand klarte auf. Als sie allein auf ihrem Bett saß, sah sie die drei Dämonen im Zimmer. Aber sie hatte jetzt keine Angst mehr, denn sie wusste, dass der Herr Sieger war. Sie wies die Dämonen aus dem Zimmer „im Namen Jesu". Als sie sich zögerlich Schritt für Schritt zurückzogen, folgte sie ihnen im

Namen Jesu, bis sie sie den Hausflur entlang und aus dem großen chinesischen Eingangstor von unserem Gelände vertrieben hatte. In den nächsten Monaten, in denen sie bei uns war, hatte sie keine „Ohnmachtsanfälle" mehr.

Ich habe diese beiden Vorfälle im Detail weitergegeben, weil die Wirkung der dämonischen Aktivität in beiden Fällen so klar war, dass jeder außenstehende Beobachter erkannt hätte, dass hier etwas Übernatürliches geschehen war. Wir könnten noch viele andere Geschichten erzählen, aber diese beiden reichen in diesem Zusammenhang aus. Wir wollen jetzt über die dämonische Aktivität sprechen, die Seite an Seite mit der Aktivität des Heiligen Geistes vonstatten ging.

Als es Manifestationen des Heiligen Geistes gab, verstanden wir sie nicht, aber wir beteten weiter und vertrauten dem Herrn, beschlossen aber, dass wir uns nicht einmischen würden, es sei denn, wir sähen etwas eindeutig Schädliches oder Sündhaftes. Nach acht Wochen außergewöhnlicher Aktivität des Heiligen Geistes waren wir zutiefst dankbar, dass wir den Kindern diese Freiheit gelassen hatten. Wir sahen, wie erstaunlich der Herr sie geführt hatte, und das, was wir zuerst nicht verstanden, erwies sich als Teil des Planes Gottes, uns einige der wunderbarsten und wertvollsten Offenbarungen zu schenken.

Dämonen

Während einige der Kinder wirklich durch den Heiligen Geist gesegnet wurden, schliefen andere immer ein, wenn sie versuchten zu beten. Jene unter der Salbung des Heiligen Geistes konnten häufig Dämonen in der Nähe derer sehen, die schläfrig waren und dieses Verhalten nicht durchbrechen konnten. Manchmal sahen sie Dämonen durch das offene Fenster oder die Tür kommen oder faul unter dem Tisch oder einem Sofa liegen, das im Raum stand. Unter der Salbung des Heiligen Geistes zwangen die Kinder mit geschlossenen Augen die Dämonen dazu, diese Plätze zu verlassen und folgten ihnen, bis sie zur Tür oder zum Fenster hinaus gingen. Sie folgten diesen Dämonen häufig auch aus dem Zimmer, öffneten eine Haupt- oder Nebeneingangstür des Geländes und jagten die Dämonen davon. Wenn Dämonen auf der Bildfläche erschienen, wurden sie oft von mehreren Personen gleichzeitig gesehen.

Einige der Kinder hatten auch früher schon Dämonen gesehen. Wir fanden heraus, dass sie trotz unserer Lehren über den Herrn immer noch so große Angst vor Dämonen hatten, dass sie nicht wagen, nachts allein in ihre Zimmer zu gehen, und sie zogen ihre Bettdecken über ihre Köpfe, wenn sie schliefen. Durch ihre Erfahrungen mit dem Heiligen Geist entdeckten die Kinder jedoch, dass sogar die größten und furchterregendsten Dämonen keine Macht selbst über das kleinste Kind hatten, das vom Blut Jesu geschützt war. Zum ersten Mal hatten wir eine glückliche Horde chinesischer Kinder, die ihre Angst vor Dämonen verloren, keine Angst im Dunkeln hatten und mit aufgedeckten Köpfen schlafen konnten.

Sie fragen sich vielleicht, wie Dämonen aussehen. Sie ähneln den Götzenbildern in chinesischen Tempeln. Laut Bibel[1] und den Chinesen ist vieles am Götzendienst eigentlich Anbetung von Dämonen, und die Götzen sind die Versuche von Menschen, das Aussehen von Dämonen nachzuahmen, die sie gesehen haben.

Die Kinder sahen Dämonen „so groß wie eine Tür", mit vorgeschobenem Kinn und Köpfen, die mit Warzen übersät sind. Manche waren nur halb so groß, während andere nicht einmal einen Meter erreichten; andere waren nur ein paar Zentimeter groß und liefen hinter den größeren Dämonen her. Die großen, wild aussehenden Dämonen mit den großen Augen sind diejenigen, die von den Menschen zu fürchten sind, denn sie haben die Macht, Menschen gefangen zu nehmen und sie in die Hölle zu zerren.

Mächte und Gewalten

Unter der Salbung des Heiligen Geistes fanden die Kinder von Adullam heraus, dass die Mächte und Gewalten der Finsternis mit den Dämonen auf Erden zusammenarbeiten. Folgendes haben sie entdeckt.

Der Regierungssitz der bösen Mächte liegt im mittleren Himmel. Hier haben die Engel des Teufels ihre Throne und üben ihre satanische Herrschaft über die Erde aus. Ihre Erscheinung, Größe, Kleidung, Wesensart und Autorität ist unterschiedlich. In jeder Hinsicht sind sie sowohl in Aussehen als auch Aktivität so teuflisch wie man es erwarten würde.

Diese boshaften Herrscher zanken ständig untereinander, jeder lehnt neidisch die Autorität derjenigen mit größerer Macht und höherem Rang ab. Wer einen höheren Rang hat, hält sich in seiner Positionen nicht aufgrund der Zustimmung seiner Untergebenen, sondern nur mithilfe seiner eigenen Grausamkeit und Stärke. Sie kämpfen und streiten ständig untereinander.

Die Engel tragen alle Kronen, die ihre verschiedenen Ränge und Ordnungen repräsentieren. Sie alle wollen auf den Thronen sitzen und die bösen Werke auf Erden kontrollieren, statt selbst mit ihnen übertragenen Aufgaben auf die Erde hinab zu müssen und die Schmutzarbeit zu erledigen. Die höherrangigen dämonischen Mächte sitzen auf den Thronen im mittleren Himmel und herrschen über die zahllosen bösen Geister, wobei sie ständig Delegationen aussenden, um den Mächten der Gerechtigkeit Widerstand entgegenzusetzen, um die Schwachpunkte der dämonischen Kräfte auf Erden zu stärken und Menschen in die Hölle zu verschleppen, wenn sie sterben.

Obwohl die Engel des Teufels bis hinauf zum höchsten Himmel vor die Tore des neuen Jerusalem fliegen und auf die Erde kommen und in ihrer Luft fliegen, versammeln sie ihre Tausende im mittleren Himmel, wo die Throne ihrer Autorität sind. Hier fliegen böse Geister aller Größen vorwärts und rückwärts und bewegen sich in dieser oder jener Absicht hin und her. Die höherrangigen Engel haben einen gewissen Lichtschein um sich herum.

In mancher Hinsicht sind sie alle ähnlich: sie alle haben Flügel, sie alle haben Kronen und sie alle gehören in die Himmelswelt. Diese Boten gehen nur zeitweise auf die Erde, bis ihr bösartige Aufgabe erledigt ist, und dann kehren sie wieder in die Himmelswelt zurück.

Die Tausende von bösen Geistern auf Erden unterscheiden sich sehr von den Engeln des Teufels. Sie haben keine Flügel; sie können gehen und sehr schnell rennen; sie bewegen sich frei herum, aber sie scheinen die Erde nicht zu verlassen. Sie haben unterschiedliche Größen von ein paar Zentimetern bis zu über drei Metern an Höhe, tragen grell gestreifte Kleider, Kappen unterschiedlicher Formen und Farben; andere Arten von Dämonen tragen Lumpen oder schmutzige Kleider.

Einige dieser Dämonen, die auf der Erde leben, haben sehr wenig Macht und sind ziemlich harmlos. Andere aber sind riesengroß, wild und sehr mächtig. Sie widerstehen dem Werk der Männer und Frauen, die Gott lieben und Seinen Engeln. In einer Vision sahen die Kinder eine ihrer Auseinandersetzungen mit einem Engel: die Dämonen mit dem höchsten Rang auf Erden halfen jenen mit niedrigerem Rang, umzingelten den Engel und versuchten, ihn mit Stöcken, Schwertern und anderen Waffen zu schlagen. Durch seinen Glauben und seinen Lobpreis für den Herrn konnte der Engel den Angriff überleben, ohne irgendeine Verletzung oder physischen Schaden davon zu tragen. Die weniger machtvollen Dämonen standen ein wenig weiter weg und beobachteten den Kampf; als sie sahen, dass ihre Kameraden keinen Erfolg hatten, beteten sie, dass die Mächte des Bösen im Himmel Verstärkung von den Engeln des Teufels aus der Luft senden mögen. Als Antwort darauf wurde eine Gesandtschaft von zehn Engeln hinab beordert. Als sie sich der Erde näherten, klatschten die Dämonen in die Hände und hießen sie willkommen. Als die satanischen Engel den Schauplatz erreichten, standen die weniger mächtigen Dämonen ein wenig abseits in respektvoller Stille, während erstere den Kampf aufnahmen. Der Engel pries weiterhin den Herrn und stand im

Glauben und konnte ihrem Angriff Widerstand leisten, bis plötzlich die Herrlichkeit Gottes herab kam und die bösen Mächte sich vollkommen zerstreuten.

Visionen vom Tod eines Nichtchristen

Als ein Mann, der das Evangelium nicht gehört hatte, starb, verließ sein Geist seinen Körper und wanderte von Ort zu Ort auf Erden, bis einer der Engel des Teufels vom Himmel herab kam, ihn in Ketten legte und ihn in die Hölle zerrte.

Der Tod eines bekennenden Christen, der den Herrn gekannt hatte, aber vom Glauben abgefallen war, war sogar noch furchterregender. Dämonen lauerten an der Bettkante dieses sterbenden Mannes und warteten ungeduldig auf dessen Tod. Noch bevor er gestorben war, begannen sie ihm bereits Ketten anzulegen. In dem Moment, als er seinen Geist aushauchte, nahmen sie ihn gefangen und zogen den verängstigten Mann weg in die Hölle. Sein Geist hatte nicht einmal einen Augenblick die Freiheit, die Erde zu durchstreifen.

In einer anderen Vision wurden Dämonen gesehen, wie sie den Geist eines Mannes verhöhnten, der sich von Gott abgewendet hatte. Als sie ihn in Ketten wegschleppten, rissen sie ihn mit einem Ruck immer wieder auf die Füße, bevor sie ihn wieder auf den Boden zwangen, und schließlich schleiften sie ihn wie einen toten Hund hinter sich her. Als sie ihres grausamen Spaßes schließlich müde wurden, nahmen sie ihn mit auf ihrer dunklen Straße in die Hölle.

Ein Junge war ins Adullam-Heim gekommen, nachdem er mehrere Tage auf den Straßen gelebt hatte. Er war ein Botenjunge für die Armee gewesen, war aber wegen seines schlechten Verhaltens entlassen worden. Er versprach sich zu ändern, und so nahmen wir ihn auf. Eine Weile schien es ihm ernst damit zu sein. Er hörte das Evangelium und behauptete, er habe Buße getan.

Dann verschwanden verschiedene Gegenstände aus dem Heim. Zuerst wussten wir nicht, wer der Dieb war, aber später wurde der Junge bei dem Versuch entdeckt, die Waren wiederzuverkaufen. Er verlor seinen Platz im Heim.

Er lebte einige Monate als Bettler und während dieser Zeit versprach er wiederholt sich zu ändern, wenn wir ihm nur eine zweite Chance geben würden. Wir taten es. Der Herr gab ihm ebenfalls eine zweite Chance und ließ ihn Manifestationen des Heiligen Geistes und übernatürliche Offenbarungen erleben, die sogar das einfachste Gemüt von den Wegen Gottes überzeugt hätten. Der Junge selbst hatte Erfahrungen mit der Salbung des Heiligen Geistes, als der Herr sich direkt mit seinen Sünden befasste und ihm eine bessere Lebensweise vorlegte. Trotz alledem rannte der Junge weg und wurde Mitglied einer Straßenbande von Betteldieben. Ein paar Monate später fiel er hin und brach sich den Arm und wurde von einem Mitarbeiter des Krankenhauses aufgegriffen. Im Krankenhaus war er so hoffnungslos ungezogen, dass man ihn vor die Tür setzte, und bald war er am Rande des Todes auf der Straße. Er kam zu uns mit mehr Versprechungen der Besserung und wir nahmen ihn wieder auf.

Er wurde immer kränker. In der Nacht bevor er starb, wurde ich durch ein teuflisches Kreischen aufgeweckt, das sich anhörte wie das Heulen eines wilden Tieres oder eines Wesens der Hölle. Als der Junge am nächsten Tag starb, war ich nicht im Heim. Als er so dalag, umringten ihn Dämonen in ungeduldiger Erwartung. Als sein Geist seinen Körper verließ, kreischte, weinte, heulte und schrie der Junge lauthals und vom Grauen gepackt: „Mr. Baker, hilf mir! Hilf mir! Hilf mir! Oh, Mr. Baker komm schnell! Mr. Baker, Mr. Baker, Mr. Baker! Hilfe, sie sind überall um mich herum mit Ketten! Sie warten auf mich. Hilf mir, hilf mir, Mr. Baker, hilf mir! Oh, oh, oh, Hilfe! Hilfe! Hilfe! Sie legen mich in Ketten. Hilfe, Hilfe! Oh, oh, oh, Hilfe! Oh, Hil…!"

Visionen von der Hölle

Immer und immer wieder hatten Kinder Visionen von der Hölle und dem Feuersee. Normalerweise, wenn sie zum ersten Mal unter die Salbung des Heiligen Geistes kamen, dann sahen sie eine Vision von der Hölle. In ihrer Vision wurden sie in Ketten durch eine sehr dunkle Gegend gezerrt. Es war immer pechschwarz. Einige Kinder konnten Dämonen um sich herum hören. Nachdem sie lange Zeit unterwegs gewesen waren, konnten manche ein schwaches Licht in der Ferne sehen, das sich als eine Reflektion des Feuersees entpuppte. Manche Kinder wurden gezwungen, so nahe heranzugehen, dass sie den Feuersee vor sich sehen konnten. Die ganze Zeit über riefen sie das Blut Jesu über sich aus und proklamierten, dass sie nicht gehorchen würden und sich nicht zu Sklaven ihrer boshaften Fänger machen ließen. Sie glaubten, dass Jesus sie gewiss erretten würde. Wie wir bereits erzählt haben, hat der Herr in diesen kritischen Momenten tatsächlich eingegriffen und sie durch Sein Blut errettet.

Die Bibel stellt die Hölle dar als einen Ort der dunkelsten Finsternis (siehe beispielsweise 2. Petrus 2,17), und sie lehrt, dass einige der Engel des Teufels bereits in Ketten liegen und ihr Urteil erwarten (vgl. Judas 6).

Der Feuersee

Die Kinder wurden an den Rand eines Sees mit geschmolzenem Feuer geführt, aus dem Rauchwolken quollen. Wenn der Rauch sich über den See legte, war das Feuer weniger deutlich zu sehen. Wenn er sich ein wenig hob, konnte man den brennenden See deutlich sehen, mit seinen rötlichen und grünlichen Flammen und seinen Gefangenen.

Wenn die Kinder in ihren Visionen in den Pfuhl hinab blickten, hielten sie sich an einem Möbelstück fest oder gingen auf ihre Hände und Füße und beugten sich ein wenig nach vorne, um einen Blick darauf zu werfen. Nach einem Moment zogen sie sich wieder zurück, voller Angst, sie könnten vielleicht hineinfallen. Das absolute Grauen packte sie bei dem, was sie sahen. Dann schauten sie noch einmal sehr vorsichtig hin, bevor sie sich abwandten. Manchmal lagen die Kinder flach auf dem Bauch, voller Angst, sie könnten ausrutschen und fallen, während sie über den Rand in den Feuersee schauten.

Sie sahen wie die Verlorenen in die Hölle gingen. Manche fielen hinein, manche gingen über den Abgrund und manche wurden von Dämonen in Ketten hineingeworfen. Ein Junge sah einige in einem Bündel aneinander gebundene Menschen, die gerade in dieses Feuer geworfen werden sollten (vgl. Matthäus 13,47-50).

Wenn das Feuer herunterbrannte und der Rauch sich verzog, konnten sie ein Stöhnen hören. In Intervallen verstärkte sich das Feuer und aus dem Stöhnen wurden qualvolle Schreie.

In einer Vision rollte eine Person in großen Qualen über den Boden und schrie auf wie jene Leidenden in der Hölle es tun würden.

Ozeane von Händen erhoben sich hilfesuchend aus dem Feuer und streckten sich um Rettung flehend nach jenen aus, die hinabsahen. Wir konnten hören, wie die Kinder mit ihnen sprachen, so als höre man nur das eine Ende eines Telefongesprächs. Sie sagten: „Ich kann euch nicht helfen." „Nein, ich kann nichts für euch tun." „Aber als du noch am Leben warst, wolltest du dem Evangelium nicht gehorchen." „Nein, es ist zu spät; bevor du hierher kamst, habe ich dir gepredigt, aber du hast mich ausgelacht und Jesus verachtet. Nun weißt du, dass ich dir die Wahrheit gesagt habe." „Nein, ich kann nichts tun; dies ist das Urteil Gottes." „Wenn du gehorcht hättest, würdest du mit uns den Himmel genießen." Nach einer Weile wurden die Kinder weggeführt, um die Gegenwart Jesu im Himmel und die Wunder des Paradieses zu genießen.

Im Lukasevangelium konnte Lazarus den reichen Mann in der Hölle sehen, wie er von den Flammen gequält wurde:

Und als er im Hades seine Augen aufschlug und in Qualen war, sieht er Abraham von weitem und Lazarus in seinem Schoß. Und er rief und sprach: Vater Abraham, erbarme dich meiner und sende Lazarus, dass er die Spitze seines Fingers ins Wasser tauche und meine

Zunge kühle! Denn ich leide Pein in dieser Flamme. Abraham aber sprach: Kind, gedenke, dass du dein Gutes völlig empfangen hast in deinem Leben und Lazarus ebenso das Böse; jetzt aber wird er hier getröstet, du aber leidest Pein. Und zu diesem allen ist zwischen uns und euch eine große Kluft festgelegt, damit die, welche von hier zu euch hinübergehen wollen, es nicht können, noch die, welche von dort zu uns herüberkommen wollen.

(Lukas 16,23-26)

Einer der Jungen sah seine Großmutter in der Hölle, die er für Christus zu gewinnen versucht hatte. Sie war eine Zauberin und Mörderin und hatte gegen das Evangelium starken Widerstand geleistet und bewirkt, dass viele andere in ihrem Dorf ablehnten zu glauben. (Dieser Junge war derselbe, der seine Schwester und Tante im Himmel getroffen hatte.) Andere Kinder sahen ebenfalls Visionen von ihren Verwandten in der Hölle.

Die Menschen in der Hölle waren all jene, die dem Namen Jesus nicht geglaubt und vertraut hatten. Eines Abends, als der Herr in einer wundervollen Prophetie durch einen kleinen Jungen sprach, war eines der Dinge, die er sagte: „Es wird niemand im Himmel sein außer diejenigen, die dem Evangelium glauben."

Der Scheideweg

Durch den Heiligen Geist lehrte der Herr die Buben und Mädchen viele Lektionen auf ziemlich systematische Weise. Eine ganz bestimmte Vision wiederholte sich so oft, dass es schien, als könne man sie nie mehr vergessen. Die Person in der Vision stand am Kreuz an einer Stelle, die sich in zwei Wege teilte. Einer der Wege war der schmale Weg des Lebens, der zum Himmel und in die Herrlichkeit führt; der andere war der breite Weg zur Hölle und Zerstörung.

Große Menschenmassen eilten auf dem Weg entlang – geschäftig und umtriebig hatten sie viel zu erledigen, trugen schwere Sündenlasten und eilten vorwärts, beschäftigt mit all den Angelegenheiten des Lebens. Das Kind war ein Prediger am Scheideweg. Wieder hörten wir nur die eine Seite der Unterhaltung: „Hallo, mein Freund. Bitte warte eine Minute; ich will mit dir reden. Geh nicht auf diesem breiten Weg weiter: er führt in die Hölle und in den Ruin. Ich bin diesen Weg gegangen und habe selbst die Hölle gesehen. Bleib hier am Kreuz stehen und lass dir von Jesus alle Sünden abnehmen. Hier vom Kreuz Christi aus kannst du diesen anderen Weg einschlagen, der dich in den Himmel und zu immerwährendem Leben und Freude führt. Oh! Jener Mensch glaubt es nicht – er geht einfach den breiten Weg entlang. Wie schade! Ich werde diesen anderen Mann hier anhalten und sehen, ob er glauben will. Hallo du! Nur einen Moment! Folge nicht dieser Menschenmenge! Sie wissen nicht, wohin sie gehen. Jener Weg führt zur Zerstörung; er führt in den Feuersee. Bitte geh nicht in diese Richtung. Ich bin extra hierher gekommen, um so viele von euch wie möglich zu stoppen und euch eine faire Warnung zu geben. Bleib lieber hier stehen und lass dir deine Sünden von Jesus abnehmen. Komm mit uns auf dem Weg zum Himmel, wo Gott ist. Oh, jetzt geht er auch weiter!

Hier ist noch jemand. Warte einen Augenblick! Verlasse die anderen! Kannst du nicht sehen, dass niemand aus dieser Richtung wieder zurückkommt? Sie alle gehen auf diesem Weg, aber keiner kommt je zurück. Das ist der breite Weg in die Hölle. Bleib hier am Kreuz stehen, glaube, dass du durch das Blut Jesu errettet werden kannst, und du wirst sicher sein. Es gibt keine andere Wegkreuzung mehr. Dies ist der einzige Weg zum Himmel. Du musst hier abbiegen, oder auch du wirst verloren sein. Oh, auch sie glaubt mir nicht. Sie geht mit den anderen."

Manchmal beschloss der junge Prediger, wenn niemand ihm Glauben schenken wollte, würde er einfach der sturen Menge folgen, um zu sehen, was passieren würde. Wenn er mit der Menge am Rande des Feuersees ankam, hörten wir ihn sagen: „Sieh nur, wie die Menschen in die Hölle fallen.

Keiner entkommt. Ich habe es dir dort hinten am Scheideweg gesagt, aber du wolltest nicht glauben. Nun kann ich nichts mehr tun, um dir zu helfen. Wenn du dort hinten auf mich gehört hättest, als ich dich warnte, hätte der Herr dich gerettet. Du wolltest meinen Rat nicht annehmen. Nun kann ich dir nicht mehr helfen. Ich gehe wieder zurück zum Scheideweg, um zu sehen, ob ich jemanden finden kann, der hören will. Ich muss sehen, ob ich wenigstens irgendjemanden stoppen kann."

Gelegentlich war er erfolgreich dabei, jemanden zu überreden, ihm doch zuzuhören. Dann sagte er: „Jetzt geh auf deine Knie zu Füßen des Kreuzes Jesu und bete. Oh, du weißt nicht, wie man betet? Nun, wiederhole, was ich sage: ‚Jesus, ich bin ein Sünder! Ich war auf dem Weg in die Hölle. Ich gehöre auch in die Hölle. Diese große Last, die ich trage, ist meine Sünde. Vergib mir meine Sünden und lehre mich, nur zu Deiner Ehre zu leben. Amen.'" Es gab eine große Freude, als der Sünder errettet wurde. Als jene Person sich auf den schmalen Weg begab, ging der Prediger hin, um jemand anders zu retten, der auf dem Weg zur Zerstörung war.

Die Vision wiederholte sich mit einigen Varianten viele Male und machte die Wahrheiten der Erlösung sehr klar. Jesus hatte gewarnt:

Geht hinein durch die enge Pforte! Denn weit ist die Pforte und breit der Weg, der zum Verderben führt, und viele sind, die auf ihm hineingehen. Denn eng ist die Pforte und schmal der Weg, der zum Leben führt, und wenige sind, die ihn finden.

(Matthäus 7,13-14)

Die Vision betonte ebenfalls, dass Christen für jene in die Bresche springen sollten, die auf dem Weg in die Hölle sind und sie überzeugen und warnen sollen, soweit es ihnen nur irgend möglich ist.

Der Student

Auf der gegenüberliegenden Seite von unserem Haupteingang lebte ein Universitätsstudent, der noch in diesem Jahr seine Abschlussprüfung haben sollte. Kurz nachdem er eingezogen war, unterhielt ich mich mit ihm und lud ihn ein, doch zu uns herüber zu kommen und einen lockeren Abend mit uns zu verbringen, an dem wir über die Bibel und das Christentum diskutieren könnten. Er kam ein paar Mal, und ich war sicher, dass er von der Wahrheit dessen überzeugt war, was ich sagte. Er schien zufrieden zu sein mit meinen Antworten auf seine Fragen. Durch ihn bekam ich die Gelegenheit, in den Semesterferien mit einigen der anderen Studenten zu sprechen. Zehn Tage, nachdem ich begonnen hatte, sie in ihren Studentenbuden zu besuchen, erlebten wir in Adullam die Bewegung des Heiligen Geistes.

Die Studenten waren freundlich und ich spürte, dass der erste Student im Grundstudium, den wir getroffen hatten, ganz überzeugt von der Wahrheit des Evangeliums war, aber, obwohl er höflich war, wollte er es nicht im Glauben annehmen. Er schien die freundliche Art, mit der die anderen Studenten auf unsere Bibeldiskussionen reagierten, nicht zu mögen.

Eines Morgens lief eines unserer Mädchen diesem Studenten vor unserem Eingang vor die Füße. Das Mädchen begann ihm zu sagen, dass er Christ werden solle und drängte ihn auf ganz einfache Art, doch an Jesus zu glauben, dass Er ihn retten könne.

„Was hat das für einen Sinn, wenn ich Christ werde?", fragte er. „Ich brauche nicht gerettet zu werden."

„Du stirbst vielleicht ganz plötzlich, und dann würdest du in die Hölle kommen."

„Wer glaubst du, dass du bist?", spottete der Student. „Du bist eine kleine Göre und ein dummes Kind, eine nutzlose Bettlerin. Was glaubst du, was du hier tust? Du versuchst, mir etwas beizubringen, wo du doch nicht einmal würdig bist mit mir zu sprechen. Ich bin Student an einer Universität. Ich bin klug. Ich habe viele Bücher gelesen. Ich war viele Jahre in

Peking. Ich kann Englisch genauso gut sprechen und lesen wie Chinesisch." Dann spuckte er ihr ins Gesicht und sagte ihr, sie solle sich um ihren eigenen Mist kümmern.

Zwei Wochen später hörte ich die Umtriebe eines Trauerzuges auf der Straße vor unserem Gelände. Ich war betrübt zu hören, dass sie diesen Studenten zu seinem Begräbnis trugen – Ich hatte ihn erst ein paar Tage zuvor auf der Straße gesehen. Einer der Jungen erzählte mir, dass er diesem jungen Mann vor ein paar Tagen, als wir hinausgingen zum Predigen, ein Traktat angeboten hatte, er es aber nicht nehmen wollte. Ich wusste nichts von seiner Unterhaltung mit dem Mädchen.

Etwa einen Monat später war dieses Mädchen in einer Trance unter der Kraft des Heiligen Geistes. Nachdem sie herrliche Visionen des Himmels gesehen hatte, blieb sie plötzlich still stehen und lehnte sich nach vorne, als würde sie in die Hölle schauen. Dann hörten wir sie sagen: „Ah, dort ist die Hölle. Nein, ich kann nicht. Ich habe jetzt nicht die Macht, dir noch zu helfen. Wie ich sehe bist du in einer furchtbaren Lage. Jetzt bist du schlimmer dran als ein Bettler, so schmutzig und verdreckt leidest du im Feuersee. Du siehst jetzt schlimmer aus als irgendein Bettler, den ich je sah. Ich dachte, du sagtest mir, du seiest reich und dass du eine tolle Bildung hättest. Wo ist deine Bildung jetzt? Nun, ich kann dir nicht helfen, selbst wo du dich entschuldigst. Ich habe nicht die Macht. Nur Jesus kann dich retten, aber als ich dir von Ihm erzählt habe, hast du dich über Ihn lustig gemacht und mich verflucht.

Sieh nur, was wir Bettler in Jesus empfangen haben: im Himmel gibt es wundervolle Freude, Glück und Liebe. Wir werden das Paradies Gottes für immer genießen."

Es ist nicht leicht, errettet zu werden

Dann schien das Mädchen den Feuersee über eine enge Brücke zu überqueren. Wir sahen sie, wie sie ging als befände sie sich auf einem Hochseil, so vorsichtig setzte sie einen Fuß vor den anderen und streckte ihre Arme nach beiden Seiten aus, um die Balance zu halten. Mit einem Seufzer der Erleichterung sagte sie: „Das ist so gefährlich! Aber mit der Hilfe des Herrn werde ich die andere Seite erreichen." Dann setzte sie vorsichtig den anderen Fuß vor und verlor beinahe wieder das Gleichgewicht. Sie pries den Herrn, bis sie ihr Gleichgewicht wieder gefunden hatte und ging weiter wie zuvor. Sie durchquerte den Raum auf diese Art bis sie scheinbar den Himmel sicher erreicht hatte, und jenseits jeder Gefahr war, in den Feuersee zu fallen.

Welche Wirkung die Erzählung dieser Visionen auch auf andere haben mag, sie dienten dazu, uns mehr als je zuvor von der Realität des Himmels und des Reiches Gottes zu überzeugen, und gleichermaßen von der Realität der Hölle und des Reiches des Teufels. Es ist für uns klarer als je zuvor, dass man nicht so leicht in den Himmel kommt: es ist wie das Gehen auf einem Hochseil, Schritt für Schritt. Nur Jesus kann uns davor bewahren zu fallen. Die Schrift sagt uns:

Denn die Zeit ist gekommen, dass das Gericht anfange beim Haus Gottes; wenn aber zuerst bei uns, was wird das Ende derer sein, die dem Evangelium Gottes nicht gehorchen? Und wenn der Gerechte mit Not errettet wird, wo wird der Gottlose und Sünder erscheinen?
(1. Petrus 4,17-18)

Wir sind gewisser als je zuvor, dass Gott will, dass wir am Scheideweg zu Füßen des Kreuzes stehen, um Sünder auf den schmalen Weg hinzuweisen, der zur Erlösung führt.

Anmerkung

1. 1. Korinther 10,20.

Kapitel 8

Das Ende der Welt und die Wiederkunft Christi

Und dann wird das Zeichen des Sohnes des Menschen am Himmel erscheinen; und dann werden wehklagen alle Stämme des Landes, und sie werden den Sohn des Menschen kommen sehen auf den Wolken des Himmels mit großer Macht und Herrlichkeit.

(Matthäus 24,30)

Durch die Visionen und Prophetien, die der Heilige Geist uns gab, wurden wir wiederholt gewarnt, dass das Ende des gegenwärtigen Zeitalters und die Wiederkunft des Herrn sehr nahe seien. Der Heilige Geist machte diese Wahrheit für uns so lebendig und so real, dass keinem irgendein Zweifel kam, dass diese Botschaft sehr wichtig war.

Jesus erzählte das Gleichnis von einem Bauern, der guten Samen auf seinem Feld ausstreute, aber sein Feind kam und säte Unkraut unter den Weizen, sodass der Weizen zusammen mit dem Unkraut aufging. Anstatt das Unkraut gleich auszureißen und so zu riskieren, dass der Weizen mit zerstört wird, wartete der Bauer, bis die Erntezeit gekommen war, um sich dann mit dem Unkraut auseinander zu setzen (vgl. Matthäus 23,24-30,36-43). Genau wie in diesem Gleichnis zeigte uns der Herr, dass das Ende der Welt kommen wird – die Ernte – wenn das Reich des Teufels am schlimmsten ist und das Reich Gottes auf Erden am besten, in seiner reinsten Form. Die Bibel lehrt auch, dass das Böse seinen Höhepunkt durch einen bösen Weltherrscher erreichen wird, der vom Teufel besessen sein wird – in der Tat eine Inkarnation des

Teufels selbst. Dieser Supermann wird vom Herrn bei Seiner Wiederkunft zerstört werden.[1]

Es mag vielleicht einige geben, die an diesen Bemerkungen Anstoß nehmen, aber ohne sie im Detail zu besprechen, werde ich so gut ich kann die Offenbarungen erzählen, die den Kindern von Adullam weitergegeben wurden, die nur wenig oder gar nichts über endzeitliche Theologie wussten.

Krankheit und Kriege

Immer wieder prophezeiten die Kinder, dass eine Zeit der Hungersnot, Krankheit, Krieg und Verzweiflung kommen wird. Während dieser Zeit wird das Volk Gottes verfolgt, aber Gott wird es ausrüsten und schützen in dieser Krise. Die Schrift bezieht sich auf diese Zeit als die große Trübsal.

Ein Junge sah unseren Lehrer, wie er versuchte, Reis zu kaufen. Eine riesige Menschenmenge umringte ein Reislager, sodass der Lehrer sich mit der Menge weiterdrängen musste, um auch nur ein klein wenig Hoffnung auf Erfolg zu haben. Jedem wurde nur erlaubt, ein einziges Maß Reis zu kaufen.

Einer unserer ungebildeten Jungen wurde in einer Vision zu unseren „zivilisierten" Ländern transportiert und sah Menschen, die sich auf Krieg vorbereiteten, indem sie Bomben und andere zerstörerische Waffen herstellten.

Visionen vom Teufel und dem Antichristen

Die Kinder erhielten Visionen vom Teufel als einem Drachen mit sieben Köpfen. Einer der Jungen sah Gottes Engel, die mit ihm kämpften und sieben seiner eigenen Engel. Der Teufel und seine Engel wurden überwunden und vom Himmel auf die Erde geworfen.[2]

Die Jungen und Mädchen von Adullam sahen Visionen von dem Supermann, auf den die Welt hofft – Subjekt der Anbetung in vielen Religionen der Welt. Sie sahen, wie der Teufel die Form eines starken, gutaussehenden Mannes annahm, in der Blüte seiner Jahre, und als Antichrist auf Erden kam.

Sie hatten auch Visionen von dem Bild, das der Antichrist nach der biblischen Prophetie als Objekt der Anbetung aufstellen lassen wird, ein Bild, das sprechen kann und die Welt verführen wird.[3] Ich fragte sie, wie sie wussten, dass dieser gutaussehende und mächtige Mann der Antichrist war. Sie sagten, dass eine große Zahl Dämonen ihm folgte, wo immer er hinging, und jedem seiner Befehle gehorchte.

Der Antichrist wurde auch auf einem weitläufigen Platz gesehen, als ein Tier mit sieben Köpfen. Ich fragte sie wieder, woher sie wussten, dass es der Antichrist war, und die Kinder sagten, dass die Engel es ihnen gesagt hätten. Wie ich bereits erklärt habe, wurden diese Visionen den Kindern, wie bei Johannes auch, durch Engel geschenkt, während sie sich in einer Trance befanden, und wie er auch, führten sie eine Unterhaltung mit den Engeln, die ihnen vieles erklären konnten, was sie nicht verstanden.

Es werden die verfolgt, die Gott lieben

Während der grauenhaften Herrschaft dieses bösartigen Supermanns, blieben diejenigen, die Gott liebten, fest und gaben für Gott Zeugnis, trotz großer Widerstände und Gefahr. Die Kinder sahen, dass den beiden Zeugen in Jerusalem und den Christen große übernatürliche Kraft gegeben wurde, damit sie widerstehen und während dieser schrecklichen Zeit gegen die Mächte der Finsternis kämpfen konnten. Es hat nie zuvor eine solche Zeit auf Erden gegeben: der Teufel und all seine Engel werden nach ihrer Freisetzung auf der Erde wie die Wildgewordenen versuchen, so viel Zerstörung und Unheil wie möglich anzurichten, weil sie wissen, dass ihnen nur eine kurze Zeit bleibt. Zu jener Zeit wird nur ein geisterfüllter Christ auch nur einen Tag gegen solch eine satanische Macht bestehen können, die sich durch übernatürliche Wunder und Manifestationen demonstrieren wird.

Aber die Kinder sahen auch Christen, die sogar mit noch größerer übernatürlicher Kraft erfüllt waren. Sie hatten Visionen von ihnen, wie sie das Evangelium im Angesicht großer Verfolgung mutig und mit solcher Kraft verkündeten, dass ihre Feinde bei einem einzigen Wort von ihnen mit Plagen oder dem Tod geschlagen wurden. Sie bewegten sich in der Kraft des Herrn, die Er Seinen Jüngern verheißen hat:

Wahrlich, wahrlich, ich sage euch: Wer an mich glaubt, der wird auch die Werke tun, die ich tue, und wird größere als diese tun, weil ich zum Vater gehe.

(Johannes 14,12)

In manchen Fällen, wenn eine Stadt das Evangelium ablehnte, nachdem Christen ihr Zeugnis gegeben hatten und sich bereits von der Stadt entfernten, fiel Feuer vom Himmel, um sie zu zerstören, wie es in Sodom und Gomorra geschehen war. Als die Verfolgung besonders schlimm war, wurden sie manchmal physisch durch den Heiligen Geist an einen anderen Ort versetzt, wie es bei Philippus und nach Einschätzung der Propheten auch bei Elia gewesen war.[4] In Zeiten der Hungersnot wurden Manna, Früchte und andere Nahrungsmittel durch Wunder bereitgestellt, und Engel dienten ihnen.

Die Christen hatten die Kraft, Stämmen zu predigen, die das Evangelium nie in ihrer eigenen Sprache gehört hatten. Wir konnten einen Blick darauf erhaschen, wie dies wahr werden könnte, als die Jungen und Mädchen in ihren Visionen im Geist predigten. Wenn ein Prediger zu dem Volk eines Stammes redete, dessen Sprache er oder sie nicht kannte, legte ein anderer aus (vgl. 1. Korinther 14,28). Beide sprachen in anderen Sprachen. Einer sprach ein paar Sätze, dann wurden diese ausgelegt. Sie predigten Menschen aus jedem Stamm und jeder Sprache.[5]

Die Visionen der Kinder bezüglich der Verkündigung des Evangeliums in übernatürlicher Kraft scheinen mir mit den Prophetien der Schrift überein zu stimmen. Ich denke, dass wir sehr wohl erwarten können, dass in den letzten Tagen die

Ausgießung des Heiligen Geistes noch viel größer sein wird als das, was die ersten Jünger am Pfingsttag erlebten.

Der letzte Weltkrieg

Am Ende der Geschichte, wenn es die vollkommenste und übernatürlich wirkende Gemeinde geben wird, die die Welt je gesehen hat, und wenn es die größte Konzentration an dämonischer Macht Satans und vom Teufel kontrollierte menschliche Kraft geben wird, die die Erde je erlebt hat, dann, so sahen es die Kinder von Adullam, beordert der Antichrist seine Heere zum letzten Weltkrieg.

Sie sahen den Krieg auch in der geistlichen Welt. In diesen Visionen sahen sie einen Mann auf einem weißen Pferd, der eine Armee von Engeln anführte, die alle weiß gekleidet waren. Sie sahen auch einen Reiter auf einem roten Pferd: dieser Reiter trug die schönsten dunkelfarbigen Kleider und ihm folgte eine große Zahl Dämonen.

Sie erhielten auch einige Visionen vom Krieg auf Erden. Die Kinder sahen, wie Kriegsschiffe von Bomben zerstört wurden, die aus Flugzeugen abgeworfen wurden, wobei die Schiffe und alle Menschen an Bord verloren gingen. Sie sahen Armeen aus allen Teilen der Erde, die in die schrecklichsten Auseinandersetzungen verwickelt waren. Als die Kinder dies betrachteten, bezeugten sie, wie zahllose Menschen durch Giftgas und tödliches Kriegsinstrumentarium umkamen. Zuerst wurden die Toten beerdigt, aber mit der Zeit gab es zu viele Leichen, um ihrer Herr zu werden: sie wurden in großen Haufen zusammengelegt oder einfach liegen gelassen, um wie Dung zu verrotten, wie der Prophet es vorausgesagt hat.[6]

Die plötzliche Wiederkunft Christi

Alles wurde durch die plötzliche Wiederkunft Christi unterbrochen. Die Sonne verdunkelte sich und der Mond wurde blutrot.[7] Die Sterne fielen in großen Schauern vom Himmel. Die Himmel wurden erschüttert und schienen sich wie ein

Pergament aufzurollen. Es fand ein massives Erdbeben statt, das die Erde auseinander riss. Große Spalten taten sich auf, und Menschen wurden bei lebendigem Leib von ihnen verschluckt. Aufgrund dieser heftigen Erschütterungen fielen die Häuser einfach in sich zusammen wie Kartenhäuser, töteten ihre Bewohner oder begruben sie lebendig.

Während diese Dinge im Himmel und auf der Erde passierten, erschien der Herr am Himmel. Alte und Junge, Arme und Reiche wurden von Todesangst ergriffen und rannten um ihr Leben. Die Menschen flohen mit leeren Händen aus ihren Geschäften, ohne Gedanken an ihre Wertsachen, die noch einen Augenblick zuvor so wichtig gewesen waren. Familien eilten aus ihren Häusern, ohne einen Blick zurückzuwerfen auf all den Luxus, der die Leidenschaft ihres Lebens gewesen war. In jenem Moment hatten alle Männer und Frauen nur ein einziges Ziel im Sinn: wegzulaufen aus der Gegenwart des wiederkehrenden Richters; einen Platz zu finden, an dem man sich vor dem König aller Könige verstecken konnte. Manche, die aus den zusammenstürzenden Häusern unbeschadet davon gekommen und nicht in die Erdspalten gefallen waren, versuchten sich in den Bergen in Sicherheit zu bringen; einige sprangen in Flüsse und ertranken; manche brachten sich um.

Überall hörte man Klagegeschrei. Es verbreitete sich Chaos und Schrecken. Man tat alles, um dem Zorn des Lammes zu entkommen, denn der große Tag Seines Zorns war gekommen.

Das große Mahl Gottes

Und ich sah einen Engel in der Sonne stehen, und er rief mit lauter Stimme und sprach zu allen Vögeln, die hoch oben am Himmel fliegen: Kommt her, versammelt euch zum großen Mahl Gottes, damit ihr Fleisch von Königen fresst und Fleisch von Obersten und Fleisch von Mächtigen und Fleisch von Pferden und

von denen, die darauf sitzen, und Fleisch von allen,
sowohl von Freien als auch Sklaven, sowohl von Kleinen als auch Großen!

(Offenbarung 19,17-18)

Die Vögel und die Tiere wurden eingeladen, die nicht begra-
benen Leichen derer zu fressen, die überall auf der ruinierten
Erde verstreut lagen. Vögel, Aasfresser, wilde Tiere und
Hunde nährten sich von den Kadavern.

Während die Kinder dieses große Mahl bezeugten, konnten wir ihre Bemerkungen und Bewegungen sehen, als die
Szene vor uns beschrieben und ausgespielt wurde. Ein Kind
sagte etwa: „Schau, der Adler, wie er jenen reichen Mann
frisst. Er pickt ihm die schönen Kleider vom Leib. Schau dir
das an! Er hat sich ein Stück Fleisch genommen und ist damit
weggeflogen." Dann sagte ein anderer: „Oh, schau dort drü-
ben – ein Geier und eine Krähe fressen beide jenen Mann.
Der Geier hat am meisten Mut. Er pickt und pickt und würgt
alles hinunter, nimmt sich nicht einmal Zeit aufzusehen, aber
die Krähe hat Angst. Siehst du das? Schau dir jene Vögel an,
die auf diesem hübsch gekleideten Mann stehen und auf ihn
einhacken."

Dann kehrten die Buben, wie in stiller Übereinkunft, dieser ekelhaften Szene den Rücken und zeigten deutlich durch
ihre Gesten und Worte, wie abstoßend diese letzten Szenen
sein werden. Die Reichen und Mächtigen auf Erden – die füh-
renden Persönlichkeiten unter den Menschen, die Business-
größen, die Industriemagnaten, die Generäle, die religiösen
Führer dieser Welt – werden dort sein, nicht als Ehrengäste,
sondern als Nahrung der Aasfresser der Erde, die sie mit ihrem selbstsüchtigen Luxus ausgebeutet haben.

Die Kinder von Adullam haben die schrecklichen Szenen
gesehen und lebhaft beschrieben, die den Höhepunkt unserer Zivilisation markieren werden. Sie haben das Ergebnis all
unserer nichtigen menschlichen Anstrengungen bezeugt.
Diese einfachen Kinder glauben das, was im Wort Gottes geschrieben ist ohne einen Zweifel, weil ihnen dasselbe von
Gott und Seinen Engeln gezeigt wurde.

Das Schicksal des Antichristen und des Teufels

Die Kinder sahen den Herrn und Seine Engel, wie sie Ketten um die Hände und Füße des Antichristen legten und dabei waren, ihn bei lebendigem Leib in die Hölle zu werfen.

Es gab auch Visionen, in denen der Teufel lebendig an den Rand der Hölle geführt wurde. Es öffnete sich etwas wie ein Deckel und der Teufel wurde in einen schwarzen Schacht geworfen, der aussah wie bei einem Brunnen, der Abgrund; der Deckel wurde geschlossen und der Herr verschloss ihn mit einem großen Schlüssel.[8]

Die Gott lieben, werden in den Himmel aufgenommen

Wir haben beschrieben, was die Wiederkunft Christi bei jenen auslösen wird, die Ihn abgelehnt haben. Es gab genauso deutliche Visionen, die sich auf jene bezogen, die Ihn liebten. Die Kinder sahen die Himmel offen und wie der Herr herabkam in Herrlichkeit, umgeben von all Seinen Engeln. Die Engel, die der Prozession vorausgingen, spielten wundervolle Posaunen, und jene, die hinterher zogen, hielten eine vollkommene Ordnung ein, jeder blieb genau an seinem Platz und in seinem Rang. Als der Herr auf die Erde zukam, gab es die erstaunlichsten Szenen, wie Gräber aufsprengten, als hätte es eine Explosion gegeben. Die Körper, die aus den Gräbern kamen, wurden plötzlich durch das Auferstehungsleben verwandelt. In manchen Fällen sahen sie, wie Knochen zusammen kamen (die Kinder erklärten dies mit ihrem chinesischen Ausdruck: „ein Knochen vom Osten und einer vom Westen"). In ihren Auferstehungskörpern wurden diese Menschen aufgehoben, um ihrem Herrn in der Luft zu begegnen.[9]

Einer der Buben sah eine Beerdigungsfeier, in der ein Christ zu Grabe getragen wurde. Auf dem Weg zum Friedhof erschallte die Posaune und der Herr kam vom Himmel herab. Der Sarg öffnete sich, der Tote setzte sich auf und als er in die Luft gehoben wurde, wurde sein Leib verwandelt.

Ich habe bereits von den Visionen der Kinder erzählt, die sie von Menschen hatten, die wir kannten. Sie genossen das Paradies in weißen Kleidern, sowie die Helden der Bibel. Die Schrift lehrt uns, dass die Heiligen zwischen Tod und Auferstehung geistliche Körper haben und weiß gekleidet sind.[10] Ich habe die Kinder befragt, weil ich wissen wollte, woher sie wussten, ob die Menschen, die sie im Himmel sahen, Auferstehungskörper hatten oder nicht. Sie sagten, dass sie das nicht wussten, bis die Engel es ihnen sagten, dass sie nur die Seelen dieser Menschen sahen, nicht ihre Körper, die noch nicht auferweckt waren. Ich befragte sie immer wieder in dieser Sache, und immer bekam ich dieselbe Antwort: sie sahen die Menschen im Himmel immer weiß gekleidet; sie hatten niemals Flügel; alle Engel hatten Flügel; man konnte leicht unterscheiden zwischen Engeln und Menschen.

Das Hochzeitsmahl des Lammes[11]

Lange Tische wurden im Paradies unter den herrlichen Bäumen, zwischen Blumen, Vögeln und Tieren aufgebaut. Dieser Ort unbeschreiblicher Schönheit und Harmonie war mit intensiver Freude erfüllt, als die Bewohner des Himmels und die Engel den Herrn priesen, tanzten, sangen und Posaunen und Harfen spielten. Manche der Kinder spielten diese Szenen vor unseren Augen aus. Sie eilten in ihre himmlische Behausung, um ihre Harfe oder Posaune zu ergreifen, bevor sie in die geistinspirierte Musik der größten aller Feierlichkeiten einstimmten, dem Höhepunkt aller Hoffnungen aller Zeitalter. Große Chöre von Menschen sangen, tanzten und priesen den König, während andere sich beeilten, die Tische und Stühle vorzubereiten oder goldene Speiseteller herbeizutragen. Es gab eine Fülle von Speisen, alles hatte seinen eigenen exquisiten und einzigartigen Geschmack und übertraf alles, was man sich vorstellen kann.

Als alles bereit war, erging ein Ruf und alle Erlösten ihres Zeitalters versammelten sich um die Tische, um die Hochzeit des Großen Königssohnes zu feiern. Die größte Freude kam, als die Ausgestoßenen und Außenseiter von allen Enden der Erde – die Bettler, Sünder, Prostituierten – sich zu dieser Festlichkeit mit Abraham, Isaak und Jakob niedersetzten. Dann kam der Augenblick, auf den jeder gewartet hatte: der Sohn selbst kam herein und setzte sich an die Tische, wo Er von der herrlichen und reinen Braut umgeben war, die Er mit Seinem eigenen Blut erworben hatte. Dann trank Er den Wein mit ihnen, wie Er es einst versprochen hatte.[12]

Der Tag des Gerichts

Die Kinder sahen den Richter auf dem Thron und sie sahen auch die Bücher, in denen die Taten jedes Mannes und jeder Frau verzeichnet waren. Jene, die durch den Tod und die Auferstehung Jesu Christi erlöst worden waren, wurden von der Menge getrennt und standen zusammen alle auf der einen Seite, während jene, deren Namen nicht im Buch des Lebens aufgeschrieben waren, zusammen auf der anderen Seite standen. Die eine Gruppe war bestimmt, in das Reich Gottes und das ewige Leben einzugehen, während die andere Gruppe dazu verurteilt war, in das Feuer zu gehen, das für den Teufel und seine Engel bestimmt war.[13]

Der neue Himmel und die neue Erde

Einige der Kinder waren privilegiert, Visionen vom neuen Himmel und der neuen Erde zu haben. Der neue Himmel war so erfüllt mit der Herrlichkeit Gottes, dass die Kinder ihn gar nicht so genau sehen konnten.

Das neue Jerusalem spielte eine zentrale Rolle auf der neuen Erde. Sie sahen die himmlische Stadt mit ihrem Paradies, wie es jetzt ist, aber sie waren jetzt auf die neue Erde herabgekommen. Die neue Erde war dem Paradies sehr ähnlich. Es war die Erde, die Gott sich für Seine Kinder vorgestellt hatte. Sie war erneuert worden[14] und wird nie vergehen. Auf dieser Erde wird Gott wieder mit Seinem Volk leben; Er wird ihr Gott sein und sie werden Sein Volk sein.

Anmerkungen

1. Vgl. 2. Thessalonicher 2,1-10.
2. „Und es erschien ein anderes Zeichen im Himmel: und siehe, ein großer, feuer-roter Drache, der sieben Köpfe und zehn Hörner und auf seinen Köpfen sieben Diademe hatte; und es entstand ein Kampf im Himmel: Michael und seine Engel kämpften mit dem Drachen. Und der Drache kämpfte und seine Engel; und sie bekamen nicht die Übermacht, und ihre Stätte wurde nicht mehr im Himmel gefunden. Und es wurde geworfen der große Drache, die alte Schlan-ge, der Teufel und Satan genannt wird, der den ganzen Erdkreis verführt, ge-worfen wurde er auf die Erde, und seine Engel wurden mit ihm geworfen. ... Wehe der Erde und dem Meer! Denn der Teufel ist zu euch hinabgekommen und hat große Wut, da er weiß, dass er nur eine kurze Zeit hat" (Offenbarung 12,3,7-9,12).
3. „Und es sagt denen, die auf der Erde wohnen, dem Tier, das die Wunde des Schwertes hat und wieder lebendig geworden ist, ein Bild zu machen. Und es wurde ihm gegeben, dem Bild des Tieres Odem zu geben, so dass das Bild des Tieres sogar redete und bewirkte, dass alle getötet wurden, die das Bild des Tieres nicht anbeteten" (Offenbarung 13,14b-15).
4. Apostelgeschichte 8,39; 2. Könige 2,16.
5. In seiner Vision sah Johannes: „... Und ich sah einen anderen Engel hoch oben am Himmel fliegen, der das ewige Evangelium hatte, um es denen zu verkündigen, die auf der Erde ansässig sind, und jeder Nation und jedem Stamm und jeder Sprache und jedem Volk, und er sprach mit lauter Stimme: Fürchtet Gott und gebt ihm Ehre! Denn die Stunde seines Gerichts ist gekom-men. Und betet den an, der den Himmel und die Erde und Meer und Wasser-quellen gemacht hat!" (Offenbarung 14,6-7); ... „Nach diesem sah ich: und siehe, eine große Volksmenge, die niemand zählen konnte, aus jeder Nation und aus Stämmen und Völkern und Sprachen, stand vor dem Thron und vor dem Lamm, bekleidet mit weißen Gewändern und Palmen in ihren Händen. ... Diese sind es, die aus der großen Bedrängnis kommen, und sie haben ihre Gewänder gewaschen und sie weiß gemacht im Blut des Lammes" (Offen-barung 7,9,14).
6. „Und die Erschlagenen des HERRN werden an jenem Tag daliegen von einem Ende der Erde bis zum andern Ende der Erde. Sie werden nicht beklagt, und ihre Leichen werden weder eingesammelt noch begraben; zu Dünger auf der Fläche des Erdbodens sollen sie werden" (Jeremia 25,33).
7. „Aber gleich nach der Bedrängnis jener Tage wird die Sonne verfinstert werden und der Mond seinen Schein nicht geben, und die Sterne werden vom Himmel fallen, und die Kräfte der Himmel werden erschüttert werden" (Matthäus 24,29). Vgl. auch Offenbarung 6,12-17.
8. „Und ich sah einen Engel aus dem Himmel herabkommen, der den Schlüssel des Abgrundes und eine große Kette in seiner Hand hatte. Und er griff den Drachen, die alte Schlange, die der Teufel und der Satan ist; und er band ihn

tausend Jahre und warf ihn in den Abgrund und schloss zu und versiegelte über ihm, damit er nicht mehr die Nationen verführe, bis die tausend Jahre vollendet sind. Nach diesem muss er für kurze Zeit losgelassen werden" (Offenbarung 20,1-3).

9. *„Denn der Herr selbst wird beim Befehlsruf, bei der Stimme eines Erzengels und bei dem Schall der Posaune Gottes herabkommen vom Himmel, und die Toten in Christus werden zuerst auferstehen; danach werden wir, die Lebenden, die übrigbleiben, zugleich mit ihnen entrückt werden in Wolken dem Herrn entgegen in die Luft; und so werden wir allezeit beim Herrn sein"* (1. Thessalonicher 4, 16-17).

10. *„Und als es das fünfte Siegel öffnete, sah ich unter dem Altar die Seelen derer, die geschlachtet worden waren um des Wortes Gottes und um des Zeugnisses willen, das sie hatten. Und sie riefen mit lauter Stimme und sprachen: Bis wann, heiliger und wahrhaftiger Herrscher, richtest und rächst du nicht unser Blut an denen, die auf der Erde wohnen? Und es wurde ihnen einem jeden ein weißes Gewand gegeben; und es wurde ihnen gesagt, dass sie noch eine kurze Zeit abwarten sollten, bis auch ihre Mitknechte und ihre Brüder vollendet seien, die ebenso wie sie getötet werden sollten"* (Offenbarung 6,9-11).

11. *„Und er spricht zu mir: Schreibe: Glückselig, die eingeladen sind zum Hochzeitsmahl des Lammes! Und er spricht zu mir: Dies sind die wahrhaftigen Worte Gottes"* (Offenbarung 19,9).

12. *„Ich sage euch aber, dass ich von nun an nicht mehr von diesem Gewächs des Weinstocks trinken werde bis zu jenem Tag, da ich es neu mit euch trinken werde in dem Reich meines Vaters"* (Matthäus 26,29).

13. *„Dann wird der König zu denen zu seiner Rechten sagen: Kommt her, Gesegnete meines Vaters, erbt das Reich, das euch bereitet ist von Grundlegung der Welt an! Dann wird er auch zu denen zur Linken sagen: Geht von mir, Verfluchte, in das ewige Feuer, das bereitet ist dem Teufel und seinen Engeln!"* (Matthäus 25,34+41).

14. *„Und der, welcher auf dem Thron saß, sprach: Siehe, ich mache alles neu. Und er spricht: Schreibe! Denn diese Worte sind gewiss und wahrhaftig"* (Offenbarung 21,5).

Kapitel 9

Prophetien eines chinesischen Betteljungen

In der Erfüllung der Schrift, *„und es wird geschehen in den letzten Tagen, ... eure Söhne und eure Töchter werden weissagen"* (Apostelgeschichte 2,17), wurde ein zehnjähriger Junge vom Herrn gebraucht, um uns eine Botschaft zu bringen, die wir niemals vergessen werden.

Ein paar Monate zuvor war der Junge noch ein Bettler gewesen. Er war voller Schmutz und in Lumpen an unsere Türschwelle gekommen – tatsächlich war mehr Dreck als Kleidung vorhanden – zusammen mit zwei anderen Jungen und fragte, ob er reinkommen dürfte. Als wir ihn gebadet und neu eingekleidet hatten, sah der Junge wie ein unschuldiger kleiner Kerl aus, und das war tatsächlich auch so. Er nahm sich sofort jede biblische Geschichte und jede Predigt zu Herzen. Er lernte bald zu beten und wir konnten ihn jeden Abend sehr ernsthaft beten hören. Als der Heilige Geist mit Macht in Adullam kam, gehörte dieser Junge zu den ersten, die die Taufe im Heiligen Geist erlebten und in Zungen redeten.

So wie Gott in der Vergangenheit zu Männern und Frauen redete und sie dadurch mit Recht behaupten konnten, dass die Schrift von Gott inspiriert war, und mit solcher Überzeugung ausriefen, „So spricht der Herr", dass sie bereit waren, ihr Leben dafür zu lassen, genau so spricht Gott heute immer noch zu Seinen Kindern, wenn die Umstände es erfordern und Glaube und andere Bedingungen es zulassen.

Eines Abends hatten wir ein ungewöhnlich starkes Gefühl der Gegenwart des Herrn und der Himmel schien sehr nah. Der Junge, von dem ich gerade erzählt habe, schien die Erde zu verlassen und in den Himmel entrückt zu werden. In der Gegenwart des Herrn fiel er vor Ihm flach auf sein Gesicht in demütiger Verehrung und Anbetung. Tatsächlich lag der Junge ausgestreckt auf dem Boden mitten im Zimmer, umgeben von all den anderen Jungen, die der Botschaft aufmerksam zuhörten, die durch ihn vom Herrn kam. Der Junge weinte und schluchzte in tiefster Trauer, als er die Botschaft empfing; er sprach mit klarer fester Stimme, und sagte immer einen oder zwei Sätze auf einmal. Ein starker Rhythmus lag in seiner Sprache; die Worte waren einfach und rein. Die Intonation der Stimme, die Wahl der Sprache, die durchdringende Kraft jedes Wortes war derart, dass keiner, der ihn hörte, daran gezweifelt hätte, dass dieser Samuel durch direkte übernatürliche Inspiration von Gott sprach.

In seiner Vision, als er zu den Füßen des Herrn lag, sagte der Junge: „Herr Jesus, ich bin nicht würdig, hier zu sein oder überhaupt errettet zu sein. Ich bin nur ein kleiner Straßenbettler." Dann sprach Jesus zu dem Jungen. Der Junge wusste es zu jener Zeit nicht, aber der Herr benutzte ihn in der Tat als ein Mundstück und benutzte die erste Person und sprach zu uns und den Kindern, die dabei saßen. Unser Verlangen ist, dass diese Botschaft Ihre Herzen ergreift, wie das auch bei uns immer noch der Fall ist.

Christi Botschaft

„Ich weine heute Abend. Mein Herz ist gebrochen. Ich spüre tiefes Leid, weil es so wenige Menschen gibt, die an mich glauben. Ich habe den Himmel für jeden geplant und vorbereitet und Raum für alle Menschen der Welt geschaffen, ich habe das neue Jerusalem in drei riesigen Städten angelegt, eine über der anderen, mit viel Platz für alle. Aber sie wollen mir nicht glauben. Es sind so wenige, die glauben. Ich bin traurig, so traurig. [Diese Botschaft wurde von dem Jungen unter herzzerreißendem Schluchzen und Tränen in Strömen weitergegeben.] Da die Männer und Frauen mir nicht glauben wollen, muss ich diese bösartige Erde zerstören. Ich plante ihre Zerstörung durch drei große Katastrophen, aber weil es so viel Böses gibt, habe ich eine vierte hinzugefügt.

Wenn ihr irgendwelche Freunde habt, dann sagt ihnen, dass sie schnell Buße tun sollen. Überzeugt so bald wie möglich jeden, dem Evangelium zu glauben. Aber wenn die Menschen nicht hören wollen und eure Botschaft nicht annehmen, lastet die Verantwortung dafür nicht auf euch.

Empfangt die Taufe des Heiligen Geistes. Wenn ihr wartet und glaubt, werde ich euch taufen. Der Teufel täuscht euch, indem er euch denken lässt, dass ihr die Taufe nicht empfangen werdet, aber wartet und sucht mich, und ich werde euch taufen und euch die Macht geben, Dämonen auszutreiben und die Kranken zu heilen. Jene, die die Salbung des Heiligen Geistes empfangen, sollen predigen und Zeugnis geben und ich werde mit euch sein, um euch zu helfen und euch in Zeiten der Gefahr zu behüten.

Wenn ihr denkt, dass ihr vielleicht nicht in den Himmel kommt, dann stammt dieser Gedanke vom Teufel. Ich werde meine eigenen Kinder nicht zerstören; ich werde jeden von euch beschützen und erretten; nicht einer, der mir gehört, wird verloren gehen. Ich werde überwinden. Betet für Mr. und Mrs. Baker, und ich werde ihnen die Kraft geben, Dämonen auszutreiben und die Kranken zu heilen. Die Kinder im Heim sollen gehorsam sein. Streitet nicht. Lügt nicht. Lebt in Frieden. Wenn ihr betet, dann betet von Herzen. Lasst eure Liebe nicht erkalten.

Sagt anderen Gemeinden, dass sie den Heiligen Geist suchen sollen. Alle Gemeinden sollen vorwärts gehen.

Der Teufel kommt in ein paar Jahren auf Erden, und es wird große Unruhen geben. Macht euch keine Sorgen; ich werde euch schützen.

Menschen überall werden sich versammeln und an einem Ort kämpfen, danach werde ich kommen, um die Erde zu strafen. Habt keine Angst, denn diejenigen, die an mich glauben, werden in den Himmel aufgenommen, um Posaunen und Harfen zu spielen.

Ich werde zwei von drei Menschen zerstören. Wenn ich komme, muss alles meiner Stimme gehorchen. [Chinesisch: *jeng jeng du jao ting o dai hua*]. Häuser werden einstürzen; Berge werden zusammenfallen; Bäume werden zerstört. Es wird völlige Zerstörung geben und nicht einmal ein Grasbüschel wird übrig bleiben. [Chinesisch: *Ih gen tsao du buh liu*]. Jene, die Götzen anbeten, werden sterben. Alle Zauberer und spiritistischen Medien werden in die Hölle geworfen werden. Nur jene, die dem Evangelium glauben, werden gerettet."

Dies hat der Herr uns in Adullam gesagt und wir glauben, dass diese Botschaft für alle gilt, denen wir sie weitergeben können. Sie wurde auf Chinesisch gegeben, wie oben erwähnt wird. Die Sätze wurden langsam und bedächtig gesprochen, mit Pausen dazwischen. Ich habe sie so aufgeschrieben, wie wir sie empfingen. Sie wurden oft wiederholt, sodass es keinen Irrtum auf Seiten der Zuhörer geben konnte; es gab ausreichend Zeit, jedes Wort aufzuzeichnen, das der Herr durch seinen erwählten Propheten weitergab.

Als die Botschaft zu Ende war, stand der Junge auf und sagte uns, dass er zu Jesu Füßen gelegen habe. Er wusste nicht, dass der Herr durch ihn in der ersten Person als auch zu ihm gesprochen hatte. Er wiederholte die Prophetie und sagte: „Jesus sagte dies ... Jesus sagte jenes."

Nachdem wir die Prophetie gehört, sie aufgeschrieben und dann aus der Erinnerung des Propheten Punkt für Punkt wiederholt gehört hatten, war leicht zu verstehen, wie in alttestamentlichen Tagen ein Schreiber jedes Wort festhalten konnte, das über die Lippen des Propheten kam, oder wie der Prophet selbst seine eigenen Botschaften aufzeichnen konnte, indem er wahrheitsgemäß bekannte: „So spricht der Herr".

So wie in der Vergangenheit Gott einen Jungen gebraucht hatte, nämlich Samuel, um mit hörbarer Stimme eine Botschaft weiterzugeben, die direkt von Gott kam und sich bis zum letzten Buchstaben erfüllte, so glauben wir, dass Er immer noch derselbe lebendige Gott ist und direkt zu uns gesprochen hat. Wir glauben, dass diese Prophetie erfüllt wird. Wir müssen entweder auf sie hören und gehorchen, oder die ewigen Konsequenzen ertragen.

Kapitel 10

Das inspirierte Wort Gottes

Für Christus und Seine Apostel bewies die Tatsache, dass Prophetie erfüllt wurde, dass die Bibel das inspirierte Wort Gottes war. Als wir den Heiligen Geist in Adullam mit Macht erlebten, waren auch wir davon überzeugter denn je. Wir sahen die folgenden zehn biblischen Prophetien in Bezug auf das Kommen des Heiligen Geistes im Leben der Kinder erfüllt:

- Die Gläubigen würden im Heiligen Geist getauft werden;
- Sie würden in Sprachen sprechen, die sie nicht kannten;
- Sie würden unter der Leitung des Heiligen Geistes prophezeien;
- Sie würden Offenbarung über Gottes geistliche Welt bekommen;
- Sie würden von künftigen Geschehnissen wissen;
- Sie würden durch den Heiligen Geist wiedergeboren und wissen, dass sie Kinder Gottes sind;
- *„Junge Männer sollen Gesichte sehen"*;[1]
- Dämonen würden ausgetrieben;
- Die Kranken würden auf übernatürliche Weise geheilt;
- Herzen würden verändert, sodass die Kinder Gottes lieben, was sie einst hassten und hassen, was sie einst liebten.[2]

Gottes Wege

Da Gott *„das Törichte der Welt auserwählt hat, damit er die Weisen zuschanden mache"* (1. Korinther 1,27), sollten wir uns daran erinnern, dass Gott nicht Menschen mit natürlichen Fähigkeiten oder Bildung gebrauchte, um die Bibel zu schreiben. Ein ungebildeter Amos oder Petrus oder Johannes waren fähig, durch die Inspiration Gottes tiefgründiger zu schreiben als die weisesten Menschen der Welt.

Gott gebraucht heute immer noch ungebildete einfache Menschen und die Tatsache, dass Er die Wahl traf, sich den Kindern in Adullam zu offenbaren, ist für mich ein weiterer Beweis der Gültigkeit des Wortes Gottes. Jesus sagt immer noch:

> **Zu jener Zeit begann Jesus und sprach: Ich preise dich, Vater, Herr des Himmels und der Erde, dass du dies vor Weisen und Verständigen verborgen und es Unmündigen geoffenbart hast. Ja, Vater, denn so war es wohlgefällig vor dir.**
>
> **(Matthäus 11,25+26)**

Diese chinesischen Kinder **lernten** diese wundervollen, tiefgreifenden Offenbarungen nicht, sondern sie empfingen sie durch ihre offenen Herzen, um zu bestätigen, was bereits im Wort Gottes geschrieben steht.

Augenzeugen vergangener biblischer Ereignisse

Der Heilige Geist zeigte uns, wie die biblischen Verfasser das Wissen eines Augenzeugen in Bezug auf Ereignisse gewonnen haben könnten, die irgendwann in der Vergangenheit geschehen waren. Einer unserer Jungen, der normalerweise eher langsam und nicht sehr begabt war, wurde mehr als einmal „im Geist" Augenzeuge von einigen wichtigen historischen Ereignissen sowohl im Alten als auch im Neuen Testament. Er sah die Plagen Ägyptens: die Frösche im Palast des Pharao, die Fliegen in seinen Speisen, die Heuschrecken, den ältesten Sohn tot daliegen und die ganze Familie in Trauer. Er sah auch Elia und Elisa bei der Überquerung des Jordan, die Feuerwagen, und wie Elia in den Himmel aufgenommen wurde, genauso Daniel in der Löwengrube, wie er von Engeln beschützt wurde und andere alttestamentliche Ereignisse.

Ihm wurden auch Visionen von den Wundern Christi geschenkt. Er sah die Versuchungen des Herrn, mit dem Teufel in Form eines gutaussehenden jungen Mannes, der Jesus auf

einen hohen Berg führte und Ihm in einer Vision die König-
reiche der Welt zeigte. Ihm wurde gezeigt, wie Engel Jesus
folgten, wo immer Er hinging, sowie Visionen von Christus,
wie Er auf dem Wasser ging, die Kranken heilte und den Blin-
den das Augenlicht schenkte. Zusammen mit einigen anderen sah dieser Junge auch die Leidenszeit des Herrn Jesus,
Seine Auferstehung und Seine Himmelfahrt.

Zuerst wunderte ich mich über diese Visionen von Ereignissen der Vergangenheit. Ich erinnerte mich dann daran,
dass es bei Gott keine Vergangenheit, Gegenwart und Zukunft gibt. Er ist der große „ICH BIN". Da der Heilige Geist
Sein Geist ist, können durch Visionen und andere Offenbarung Vergangenheit, Gegenwart und Zukunft in Gottes
Haushalt jedem Einzelnen „vergegenwärtigt" werden, den
der Herr sich erwählt.

Diese Offenbarungen der Vergangenheit bestätigen für
uns in Adullam die Inspiration der Bibel. Es war für Gott
leicht möglich, Mose und andere Personen in Visionen als
Augenzeugen durch Ereignisse in der Vergangenheit oder Zukunft zu führen, sodass sie Geschehnisse aus der Vergangenheit aufzeichnen konnten.

Offenbarungen von Gott aufzeichnen

Der Heilige Geist zeigte uns, wie einige Teile der Bibel verfasst
wurden. Als die Kinder „im Geist" waren und Szenen beschrieben, die sie sahen, bewirkte der Geist, dass ein Junge,
der sich ebenfalls in Trance befand, sich setzte und Bewegungen ausführte, als schreibe er Punkt für Punkt nieder, was die
anderen sahen und beschrieben. Auf diese Weise sahen wir,
wie leicht es für Gott war, die Bibel zu schreiben. Eine Person
konnte aufzeichnen, was die andere sah und beschrieb.

Wenn Gott dies mit einfachen ungebildeten Kindern von
den Straßen Chinas in einem entlegenen Bergstamm tun
konnte, musste es genauso leicht für ihn gewesen sein, dies
mit einem Mann wie Barak oder einer anderen beliebigen Person Seiner Wahl zu tun.

Die Tatsache, dass Männer und Frauen in der Vergangenheit durch den Heiligen Geist bewegt wurden und prophezeiten und Visionen erhielten wie Jesaja „im Jahr als König Usija starb", dann muss das bedeuten, dass es heute noch auf dieselbe Art geschehen kann. Sie können immer noch im Geist in den Himmel entrückt werden und die unsichtbaren Welten jenseits des Horizonts sehen. Derselbe Gott sitzt immer noch auf dem Thron und herrscht über dieselbe Welt und befasst sich mit derselben Form böser Herzen, durch dieselbe Art von Menschen, mit derselben Wesensart und denselben Leidenschaften, die Elia hatte.

In unserer eigenen starrsinnigen und ungläubigen Generation kann und wird der Herr beweisen, dass das, was Er in der Bibel geschrieben hat, das Wort des lebendigen Gottes ist. Unter jenen, die Ihm Glauben schenken, kann und wird Er auf übernatürliche Weise durch die Gaben des Heiligen Geistes wirken und das Wort mit nachfolgenden Zeichen bestätigen (Markus 16,15-20).

Anmerkungen

1. Apostelgeschichte 2,17.
2. Kapitel 3 gibt mehr Details darüber, wie jene Prophetien erfüllt wurden, inklusive relevante biblische Referenzen.